미생물 특공대

지식의숲

미생물 특공대

제1판 제1쇄 발행일 2021년 12월 20일
제1판 제4쇄 발행일 2025년 6월 30일

조인하 글 | 김기린 그림

펴낸이 · 곽혜영 | 편집 · 박철주 | 외주편집 · 김수주 | 디자인 · 소미화 | 마케팅 · 권상국 | 관리 · 김경숙
펴낸곳 · 도서출판 산하 | 등록번호 · 제2020-000017호
주소 · 03385 서울특별시 은평구 연서로26길 27, 대한민국
전화 · (02)730-2680(대표) | 팩스 · (02)730-2687
홈페이지 · www.sanha.co.kr | 전자우편 · sanha0501@naver.com

ISBN 978-89-7650-570-5 74470
ISBN 978-89-7650-800-3 (세트)

* 8세 이상 어린이를 위한 책입니다.

미생물 특공대

조인하 글 · 김기린 그림

산하

차례

미생물이 뿔났어요!

"뭐? 감히 인간들이 우리에게 전쟁을 선포했다고?"

충치균에게 소식을 전해 들은 대장균이 버럭 소리를 질렀어요. 충치균은 인간의 입속에서 살다 보니 인간들이 말하는 중요한 정보를 가장 먼저 알아내 알려 주지요.

"그래. 지구의 모든 미생물을 싹 쓸어버리겠대."

충치균의 대답에 대장균은 불같이 화가 치밀었어요. 미생물과 인간 사이의 다툼은 소소하게 있었지만, 이번처럼 인간들이 전면적으로 들고일어난 것은 처음이기 때문이지요.

"인간들이 코로나-19로 워낙 고생해서 우리 미생물들을 미워할 수는 있어. 하지만 그건 일부 병을 일으키는 미생물에

해당되는 얘기일 뿐이야. 어떻게 지구의 모든 미생물을 없애겠다는 말도 안 되는 정책을 내놓을 수가 있냐고. 엉?"

"그러게 말이야. 몇몇 녀석들 때문에 '균(菌)'이라는 이름이 붙은 우리 세균들을 포함해서 인간에게 도움을 주는 대다수의 미생물까지 모두 나쁜 병을 일으킨다고 오해하는 것 같아."

"휴, 인간은 이기적인 줄만 알았는데, 무식하기도 하구나."

대장균이 한숨을 쉬며 한탄했어요. 충치균은 인간에 대한 배신감 때문인지 단단히 화가 났어요. 그래서 한 가지 제안을 했지요.

"맞아. 그러니까 이번 기회에 인간들한테 우리의 힘을 보여주자고. 미생물들을 소집해 이 사실을 알린 뒤, '미생물 특공대'를 만들어서 오히려 우리가 인간들을 없애는 거지. 어때?"

평소에 인간 때문에 마음고생이 심했던 대장균도 충치균의 제안을 듣고는 오로지 자신만 생각하는 이기적인 인간들을 그냥 두어서는 안 되겠다고 생각했어요.

"알았어. 네 말대로 미생물들을 불러 모아 회의를 하자. 회의에서 인간들이 지구의 모든 미생물을 없애려고 한다는 사실을 알리고, 우리도 어떻게 '미생물 특공대'를 만들어 인간에게 대항할지 의견을 들어 봐야겠어."

대장균의 말이 끝나자 충치균은 긴급하게 미생물들을 소집하기 시작했어요.

미생물이 무엇일까요?

간단히 말해 지구에 사는 생물 가운데 동물과 식물이 아니면 모두 미생물이에요. 생물은 뚜렷한 막으로 둘러싸인 핵이 있느냐 없느냐에 따라 원핵생물과 진핵생물로 나뉘어요. '핵'은 생명 활동을 조절하는 중심 역할을 하는 기관으로, 핵 속의 DNA에 중요한 유전 정보가 들어 있지요.

'원핵생물'은 '원시적인 핵을 가진 생물'이라는 뜻이에요. 대부분 작고 단순한 구조의 단세포이며, DNA가 막에 싸여 있지 않은 채 실타래처럼 뭉쳐 들어 있어요. '진핵생물'은 '진짜 핵을 가진 생물'이라는 뜻이에요. 비교적 크고 복잡한 다세포이며, 뚜렷한 핵막으로 둘러싸인 핵 속에 DNA가 들어 있지요.

원핵생물에는 세균과 고세균이 속하는데, 모두 미생물이에요. 진핵생물에는 원생생물, 균류, 식물, 동물이 있는데, 이 중 원생생물과 균류가 미생물이지요. 그 밖에 세포의 형태를 갖추지 않아서 생물과 무생물의 경계에 있는 바이러스도 미생물에 포함시킨답니다.

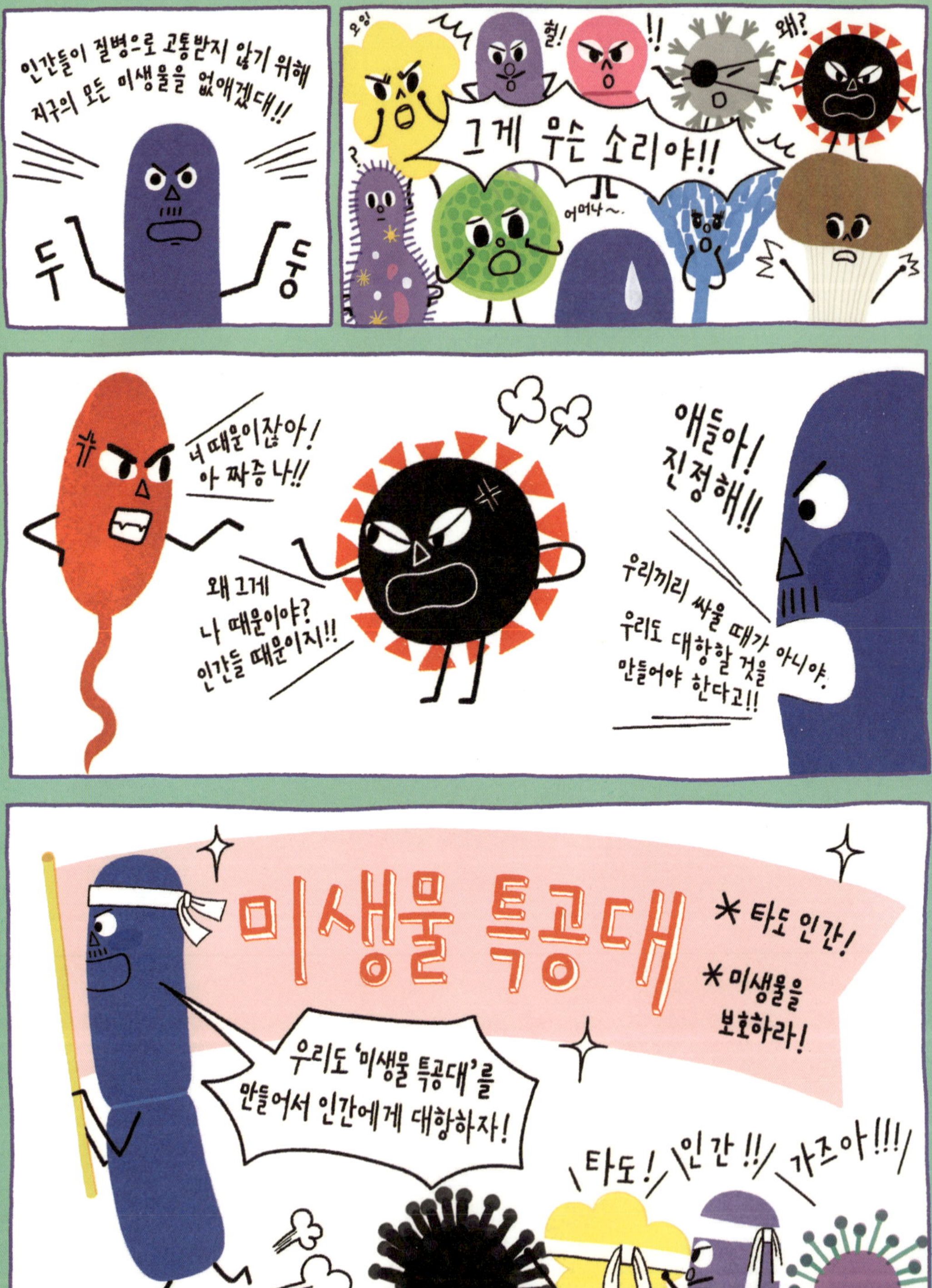

인간들이 질병으로 고통받지 않기 위해
지구의 모든 미생물을 없애겠대!!
두둥
오잉
헐!
!!
왜?
?
그게 무슨 소리야!!
어머나~.
너 때문이잖아!
아 짜증 나!!
왜 그게
나 때문이야?
인간들 때문이지!!
얘들아!
진정해!!
우리끼리 싸울 때가 아니야.
우리도 대항할 것을
만들어야 한다고!!
미생물 특공대
* 타도 인간!
* 미생물을
보호하라!
우리도 '미생물 특공대'를
만들어서 인간에게 대항하자!
타도!
인간!!
가즈아!!!!

1

각종 질병으로 고롭혀 주지!

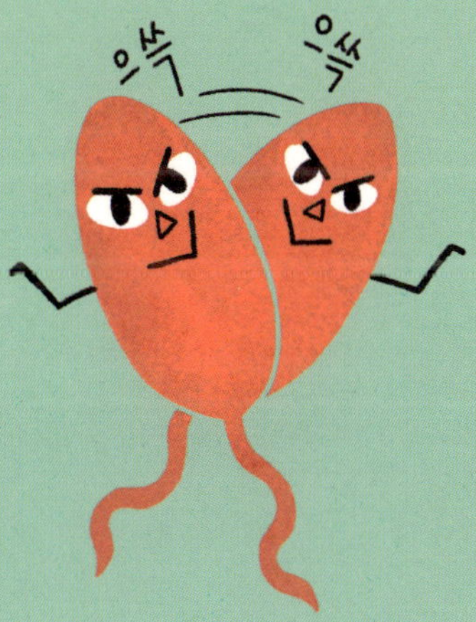

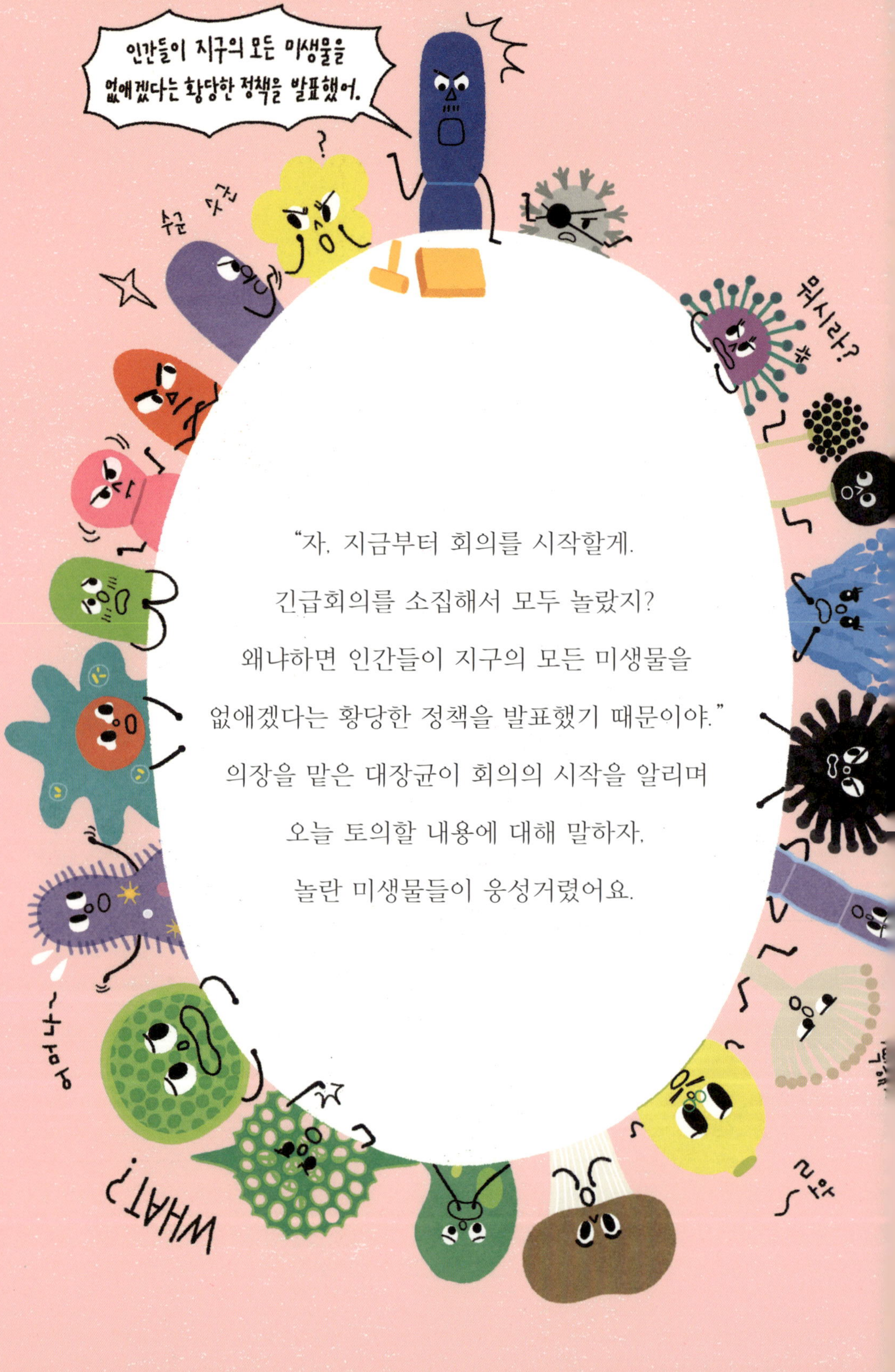

"자, 지금부터 회의를 시작할게.
긴급회의를 소집해서 모두 놀랐지?
왜냐하면 인간들이 지구의 모든 미생물을
없애겠다는 황당한 정책을 발표했기 때문이야."
의장을 맡은 대장균이 회의의 시작을 알리며
오늘 토의할 내용에 대해 말하자,
놀란 미생물들이 웅성거렸어요.

특히 유산균은 충격을 받았는지 말까지 더듬었지요.

"그, 그게 무슨 소리야? 우리를 전부 없애겠다니, 이유가 뭔데?"

"인간들이 코로나-19로 몹시 혼난 모양이야. 그래서 다시는 질병으로 고통받지 않기 위해 그렇게 하겠대."

"코로나-19는 코로나 바이러스가 일으켰잖아. 그럼 코로나 바이러스만 없애지 왜 아무 잘못도 없는 우리까지 없앤대?"

콜레라균이 얼굴을 붉히며 화를 냈어요. 그러자 다른 미생물들도 맞장구를 치며, 너도나도 코로나 바이러스에 대한 불만을 쏟아 내기 시작했지요.

"그러게 말이야. 미꾸라지 한 마리가 온 웅덩이를 흐려 놓는다더니……."

"정말 짜증 난다니까!"

그때였어요. 회의장 문이 드르륵 열리더니 코로나 바이러스가 헉헉대며 뛰어 들어왔어요.

"헉헉, 늦어서 미안해. 요즘 너무 바빠서 말이야. 무슨 얘기하고 있었어?"

대장균에게 자초지종을 들은 코로나 바이러스는 깜짝 놀라며 받아쳤어요.

"너희 정말 왜 그래? 코로나-19가 전 세계적으로 유행한 게 전부 내 탓이라는 거야? 나 원 참, 너무 기막혀서 입을 못 다물겠다. 인간들이 마스크 열심히 쓰고 손만 잘 씻었어도 그렇게까지 퍼지진 않았을 거라고. 공연히 트집 잡지 마!"

코로나 바이러스가 흥분하자 회의장 분위기가 험악해졌어요. 대장균이 의장답게 모두를 진정시켰어요.

"자, 모두 마음 좀 가라앉혀. 이유가 어떻든 지금 우리끼리 싸울 때가 아니야. 좀 전에 얘기했듯이 우리 미생물이 몽땅 사라질지도 모르는 심각한 상황이라고. 그래서 우리도 가만있을 수는 없어서 인간에게 대항할 '미생물 특공대'를 만들려고 해. 그러니까 어떻게 인간에게

대항할지 얘기 좀 해 봐.
그리고 오늘은 종족별로
돌아가면서 이야기하자.
회의를 하다 보니 늘 말을 하는
미생물들만 의견을 내서
말이야.

첫 번째는 세균,
두 번째는 바이러스,
세 번째는 원생생물, 마
지막은 규류의 순서로 이야기
해 줘."

그러자 충치균이 기다렸다는 듯 말문을
열었어요.

"얘들아, 내가 왜 이렇게 통통한지 알아? 내가 사는 인간의
입속은 따뜻한 데다, 인간들이 이 닦는 걸 싫어해서 먹을 게

풍부하기 때문이야. 내가 좋아하는 단 음식은 또 얼마나 많이 먹어 대는지……. 정말 천국이 따로 없지. 내가 미생물 특공대가 되면, 이런 인간들의 이에 착 달라붙어서 음식물을 먹으며 시큼한 산을 내뿜어 공격할 거야. 그럼 인간들의 이가 썩어서 충치가 생기거든. 충치가 심하면 이에 동그랗게 구멍도 뚫린다니까!"

"어머, 충치가 생기면 굉장히 아프다며?"

유산균이 작은 목소리로 물었어요.

"그런가 봐. 충치가 생긴 인간들을 보면 이가 아파 밤새 잠을 설치더라고. 어떤 인간은 몸부림치면서 울기도 해. 어때? 이 정도면 미생물 특공대 자격 있지?"

충치균의 말이 끝나자 여기저기에서 미생물들이 한마디씩 했어요.

"근데 좀 약하지 않아? 충치로 인간이 죽지는 않으니까."

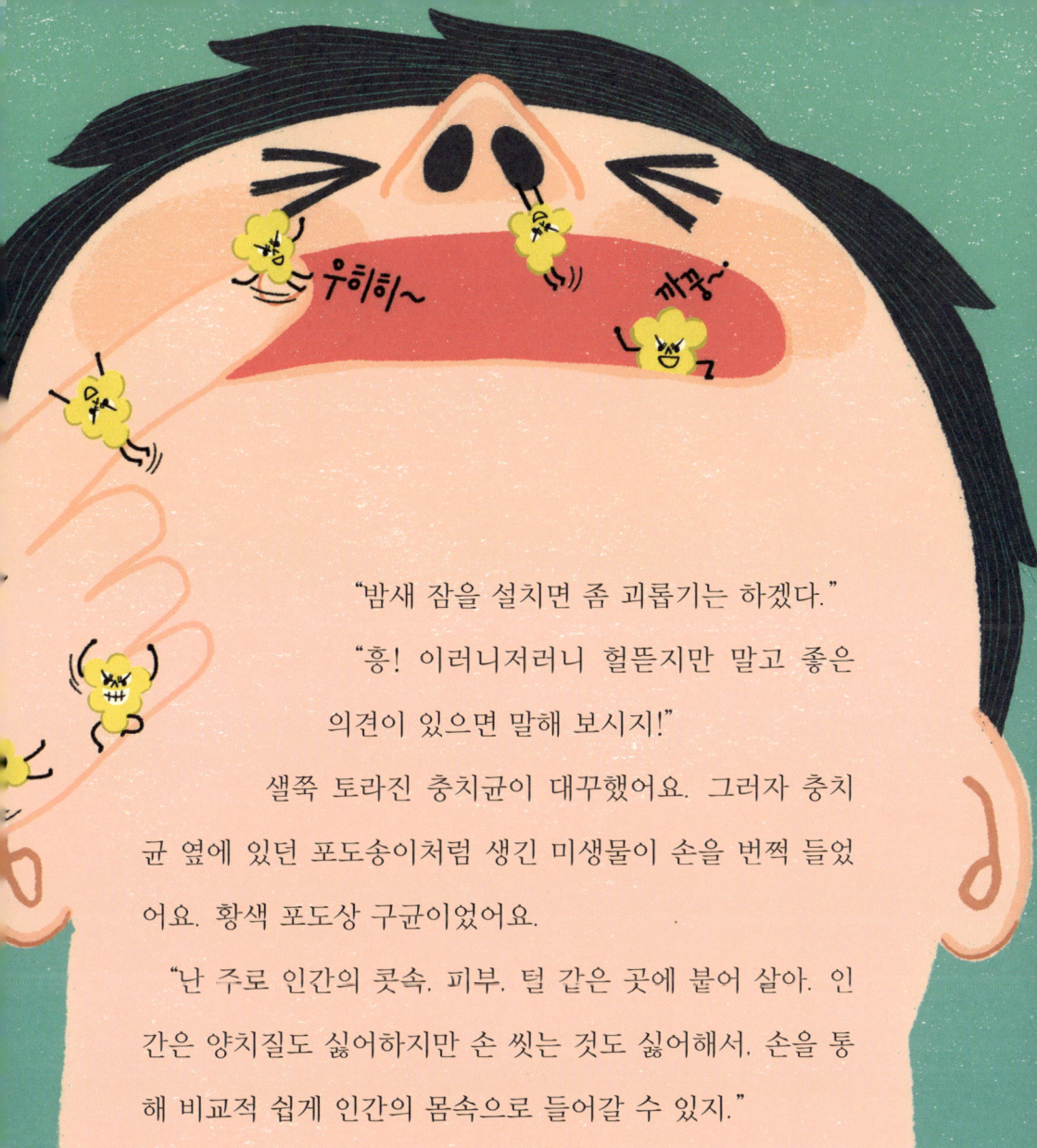

"밤새 잠을 설치면 좀 괴롭기는 하겠다."

"흥! 이러니저러니 헐뜯지만 말고 좋은 의견이 있으면 말해 보시지!"

샐쭉 토라진 충치균이 대꾸했어요. 그러자 충치균 옆에 있던 포도송이처럼 생긴 미생물이 손을 번쩍 들었어요. 황색 포도상 구균이었어요.

"난 주로 인간의 콧속, 피부, 털 같은 곳에 붙어 살아. 인간은 양치질도 싫어하지만 손 씻는 것도 싫어해서, 손을 통해 비교적 쉽게 인간의 몸속으로 들어갈 수 있지."

"그래서 넌 인간을 어떻게 괴롭힐 수 있어?"

충치균이 못마땅한 눈초리로 물었어요.

"내가 인간의 몸속에서 독소를 뿜어 내면, 인간들은 쉴

새 없이 설사를 하고 계속 토해. 열도 많이 나고, 배도 엄청 아파하지. 인간들은 이런 증상을 '식중독'이라고 하더라고."

"오! 충치균보다는 좀 쎈데?"

나선 모양의 헬리코박터 파일로리균이 긴 채찍처럼 생긴 편모를 살짝 흔들며 말했어요.

"그러게. 인간들이 엄청 괴롭겠다."

대장균까지 동참하자, 황색 포도상 구균은 거만한 표정을 지었지요. 그러자 이번엔 콜레라균이 나섰어요.

"나는 인간이 더러운 손으로 만진 음식이나 오염된 물 등에 섞여서 인간의 몸속으로 들어가 '콜레라'라는 병을 일으키지. 내가 몸속에서 독소를 퍼트리면, 인간들은 심한 설사를 하고 음식을 토하기 시작해. 병이 심해지면 쌀뜨물 같은 설사를 한 시간에 1리터가 넘게 하고, 빠르게 탈수 현상이 나타나. 심해지면 혼수상태에 빠지고 죽을 수도 있지."

"와! 증상은 황색 포도상 구균이 일으키는 식중독하고 비슷하지만, 훨씬 강력한데?"

유산균이 깜짝 놀라며 말했어요.

"게다가 난 지금까지 전 세계적으로 몇 번이나 콜레라를 유행시켜서 수십만 명의 인간을 죽게 한 경험이 있어. 그러니까 걱정 마! 이번에도 인간들을 확실하게 혼내 줄 테니."

콜레라균의 자신 있는 태도에 대장균이 환한 미소를 지으며 맞장구를 쳤어요.

"콜레라균 정도면 미생물 특공대로 자격이 충분하지."

그러자 그 모습을 지켜보던 헬리코박터 파일로리균이 갑자기 큰 소리로 외쳤어요.

"자격이라면 나도 충분해. 난 인간의 위 속에서 사는데도 끄떡없거든."

"대단한데? 인간의 위 속에서는 강한 위산 때문에 미생물이 거의 다 죽는다는데, 넌 어떻게 살 수가 있어?"

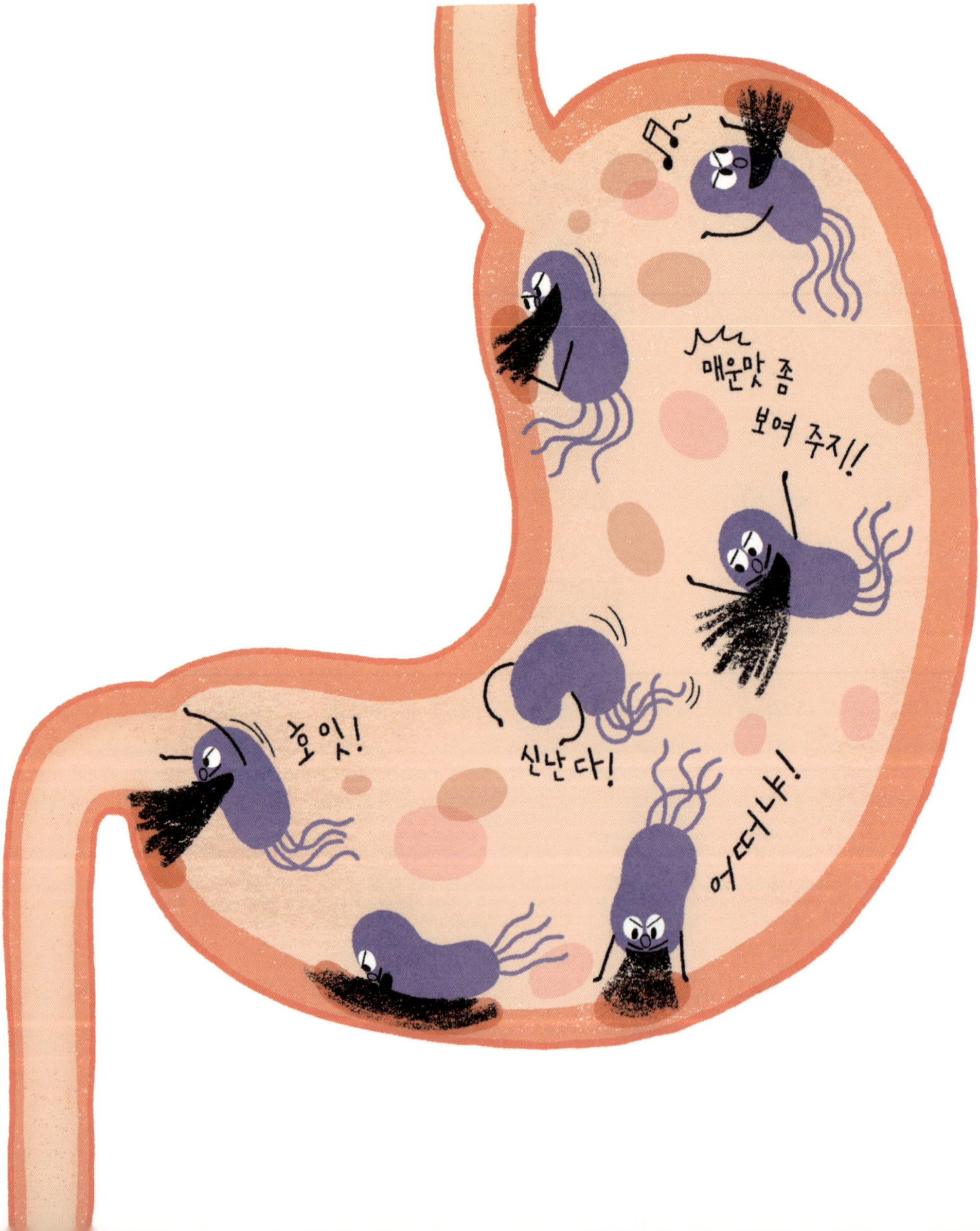

황색 포도상 구균이 감탄하며 물었어요.

“별거 아냐. 위벽 안쪽으로 파고들어 그 안에서 살면 돼. 거기는 산성이 좀 약하거든. 게다가 나한테는 위산의 성질을 약하게 만드는 특별한 효소가 있어서 괜찮아.”

다른 미생물들이 와 하고 감탄하는 소리가 들렸어요. 헬리코박터 파일로리균은 말을 이었지요.

“난 이렇게 인간의 위 속에 살면서 인간에게 위염, 위궤양, 십이지장 궤양 등을 일으키고, 심하면 위암도 생기게 해. 아마 성인 인간의 50% 정도는 이미 나한테 감염되었을걸? 그러니까 지금이라도 당장 괴롭힐 수 있어.”

“하여튼 넌 참 별종이야. 그 험한 곳에서 살다니 말이야.”

콜레라균이 헬리코박터 파일로리균을 신기한 듯 보며 말했어요. 대장균이 미생물들을 빙 둘러보며 말을 보탰어요.

“우리 세균들은 인간의 위뿐만 아니라, 인간의 몸속이라면 어디에서든 살아. 코와 입속, 목구멍, 배 속, 심지어 항문에서도 살지.”

그러자 충치균과 헬리코박터 파일로리균, 유산균이 커다랗게 고개를 끄덕였어요. 대장균은 말을 계속했어요.

“난 인간의 큰창자(대장)에서 살아. 수분을 흡수하고 남은 음식물 찌꺼기를 똥으로 내보내는 곳이지. 그래서인지 인간들은 나만 보면 더럽다고 난리지만, 나 때문에 자기들이 깨끗한 줄은 꿈에도 몰라.”

“뭐? 정말? 난 인간의 똥 냄새가 구린 이유가 너 때문인 줄 알았는데?”

콜레라균이 눈을 동그랗게 뜨며 말하자, 화가 난 대장균이 고함을 쳤어요.

“무슨 소리야! 난 인간들이 작은창자에서 미처 소화하지 못한 음식물을 더 잘게 부수어 주고, 음식물 찌꺼기를 분해해서 비타민 B와 비타민 K 등을 만들어. 그리고 큰창자를 깨끗이 청소해 주지. 또한 유산균이랑 효모랑 힘을 합쳐 병을 일으키는 세균들이 들어오지 못하게 지켜 준다고. 그런데도 인간들은 ‘대장균’ 소리만 들어도 더럽다고 난리라니까.”

“어머, 몹시 섭섭하겠네.”

유산균이 대장균을 위로했어요. 하지만 대장균은 여전히 화가 안 가라앉는지 회의장이 쩌렁쩌렁 울리도록 소리를 질렀어요.

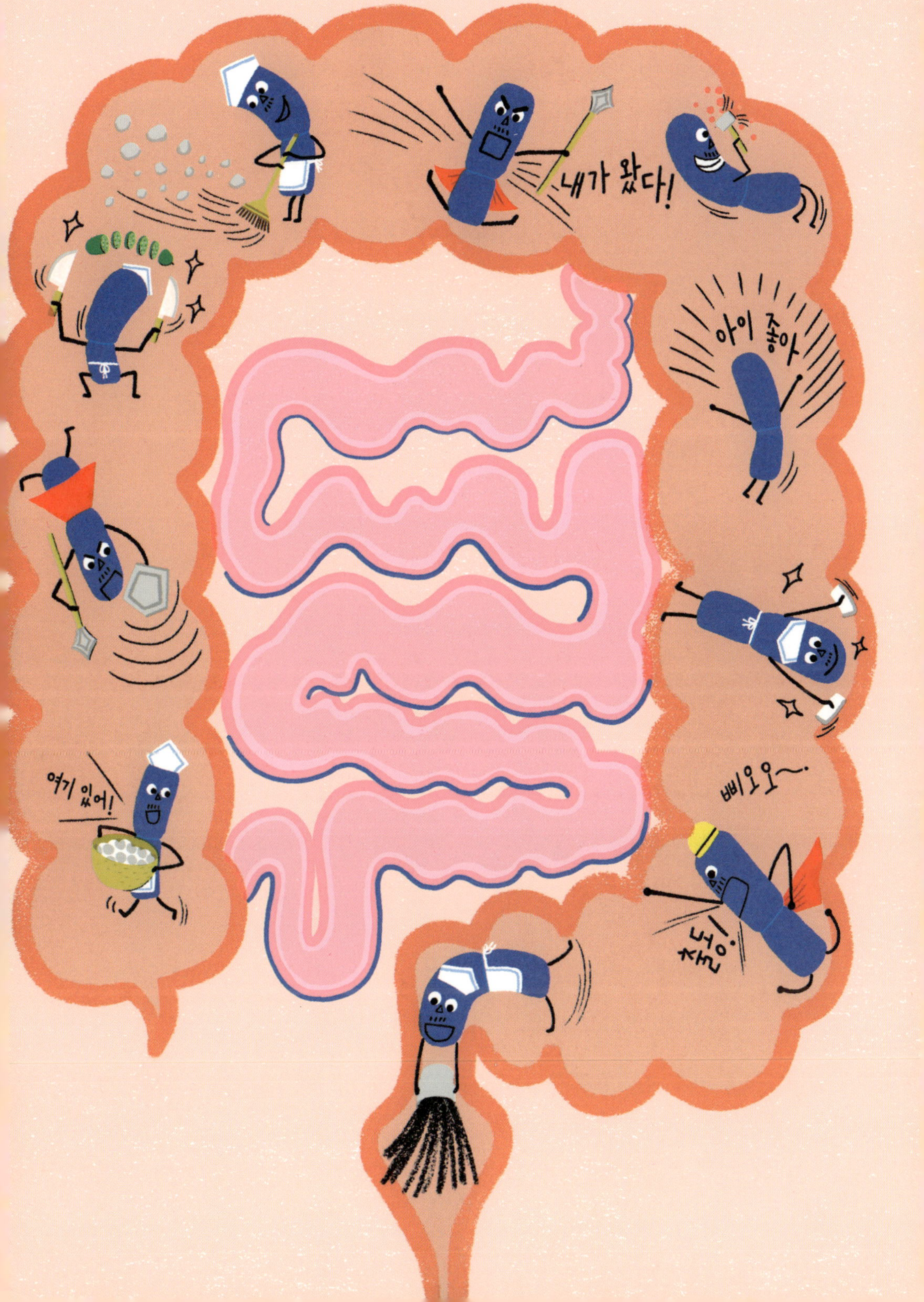

내가 왔다!
아이 좋아
여기 있어!
삐오오~
출동!

"섭섭한 정도가 아니고, 아주 괘씸해. 대장균 가운데 병을 일으키는 종류는 병원성 대장균들뿐이야. 아주 일부라고. 그런데도 우리를 아예 없애 버리겠다고? 그래, 좋아! 어디 한 번 붙어 보자고. 병원성 대장균들이 출동해서 인간들을 괴롭히면 되니까. 심한 설사와 복통으로 엄청 괴로울걸? 증세가 나빠지면 똥에 피가 섞여 나오기도 할 거야."

"좋아! 이번 기회에 무식한 인간들을 남김없이 무찔러 버리자고."

충치균이 덩달아 흥분했어요. 그때였어요. 회의가 격해지자 유산균이 근심스레 말을 꺼냈어요.

"얘기를 들어 보니 대장균이 화가 날 만하네. 하지만 잠시 진정하고 내 말 좀 들어 볼래? 난 인간의 장 속에 살면서 장을 깨끗하게 청소하고, 소화를 도와주며, 변비도 예방해 줘. 나쁜 세균을 무찌르기도 하지. 인간의 몸에는 세균이 엄청 많이 살지만, 나나 대장균처럼 인간을 도와주는 세균이 훨씬 더 많기 때문에 인간들이 병에 걸려 죽지 않는 거야."

"췟! 그래서 인간들이 넌 특별히 살려 준대?"

충치균이 끼어들며 빈정거렸어요. 그러자 유산균은 한숨을

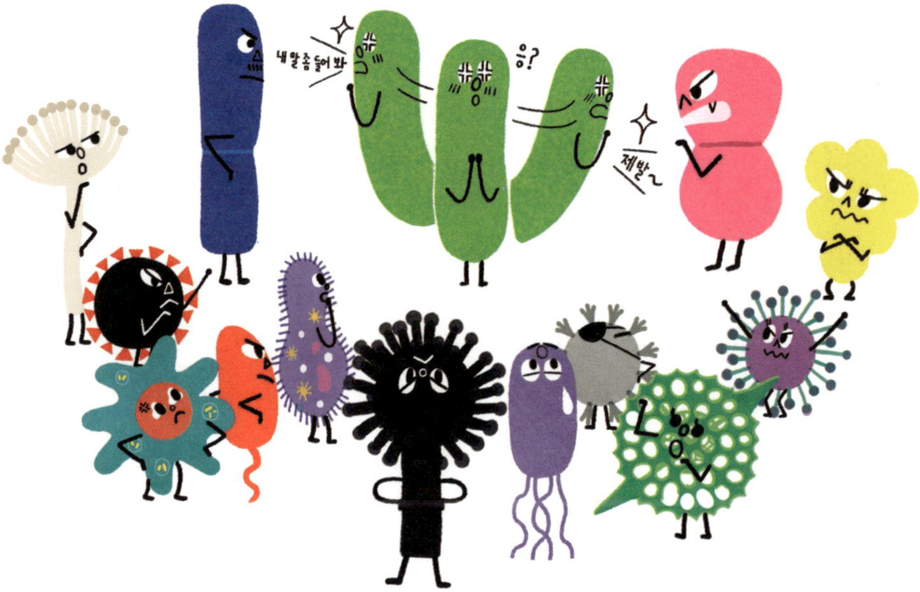

푹 쉬었어요.

"후유, 그렇게 비꼬지 마. 하여튼 난 그 밖에도 인간이 요구르트나 김치, 치즈 같은 음식을 만들 수 있게 도와줘. 그러면 얼마나 고마워하는지 몰라. 그런데 우리를 몽땅 없애겠다고 했다니 도저히 이해가 안 돼. 내 생각엔 인간들이 자신을 도와주는 유익한 미생물에 대해 잘 모르는 것 같아. 전쟁하기 전에 인간들과 차분히 대화를 나누어 보면 어떨까?"

이야기를 마친 유산균이 진지한 눈빛으로 모두를 바라보았어요.

우리를 소개할게요!

세균(Bacteria)

가장 오래된 생물의 조상, 세균

세균은 몸이 하나의 세포로 이루어진 아주 작은 미생물로, 너무 작아서 맨눈으로 볼 수 없어요. 38억 년 전 지구에 처음 나타났으며, 지구에서 가장 수가 많지요. 생김새에 따라 공 모양, 막대 모양, 나선 모양 등으로 구분하며, 꼬리가 있는 세균도 있어요. 공 모양 세균에는 포도상 구균, 스트렙토코쿠스 무탄스(충치균) 등이 있고, 막대 모양 세균에는 콜레라균, 대장균 등이 있으며, 나선 모양 세균으로는 헬리코박터 파일로리균 등이 있어요. 세균은 하나씩 따로 떨어져 있기도 하고, 여러 개가 서로 연결되어 있기도 하지요.

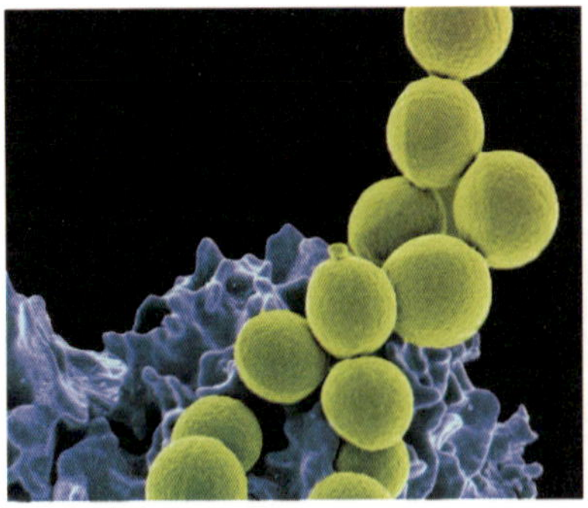
황색 포도상 구균

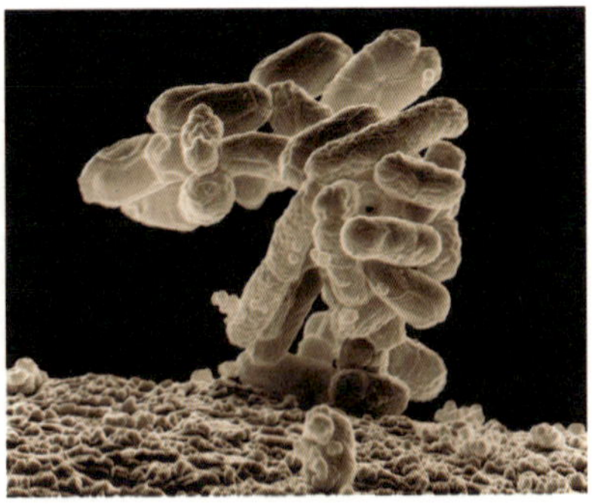
대장균

세상 어디에나 사는 세균

세균은 공기, 물, 흙, 동식물, 사람의 몸속 등 세상 어디에나 살아요. 특히 사람의 몸을 아주 좋아하지요. 피부와 머리, 겨드랑이, 발가락, 입속, 배 속 등 사람의 몸이라면 어느 곳에서도 사는데, 대략 100조 마리도 넘게 살고 있어요.

자기와 똑같은 자식을 만드는 세균

세균도 사람처럼 결혼하고 자식을 낳을까요? 그렇지 않아요. 세균 한 마리가 쪼개져 두 마리가 되고, 그 두 마리가 다시 쪼개져서 네 마리, 네 마리가 다시 쪼개져서 여덟 마리…… 계속 수가 늘어나요. 이를 '세포 분열'이라고 하는데, 이렇게 만들어진 세균은 모두 생김새와 성질이 똑같답니다.

세균의 이로운 영향

세균은 곰팡이와 함께 음식물이나 죽은 동식물 등의 유기물을 썩게 만들어요. 유기물이 썩으면 기분 나쁘게 물컹거리고, 지독한 냄새가 나요. 하지만 이는 세균과 곰팡이가 유기물을 분해하는 과정이에요. 세균과 곰팡이는 유기물을 이산화 탄소, 물, 질소, 황, 인 같은 무기물로 분해한 다음, 자연으로 돌려줘요. 사람의 몸에 사는 세균은 음식물의 소화를 돕고, 비타민도 만들어 주며, 나쁜 병균을 물리쳐 사람들이 건강하게 살 수 있도록 도와주지요. 세균은 음식을 만드는 데 쓰이기도 하는데,

유산균은 치즈, 김치, 요구르트 등을 만드는 데 쓰여요.

세균은 과학이 발달하면서 쓰임새가 더 많아졌어요. 플라스틱 원료를 가진 세균을 이용하여 플라스틱 제품을 만들고, 스키장에서 세균을 활용해 인공 눈을 만들어요. 오염 물질을 분해하는 세균을 이용해 기름 유출, 방사능 오염 등으로 더러워진 하천이나 흙을 깨끗이 하지요. 나아가 세균이 해충을 없애는 특성을 이용해 생물 농약을 만들어 환경 오염도 줄인답니다.

유산균을 이용해 만든 요구르트

질병을 일으키는 세균

일부 세균은 물이나 음식을 통해 다른 생물에게 옮아가 병을 일으켜요. 세균에 의한 병에는 결핵, 파상풍, 장티푸스, 흑사병, 탄저병, 살모넬라균 감염증 등이 있어요. 대부분 전염병이기 때문에 감염되지 않도록 조심하는 것은 물론, 혹시 감염되면 다른 사람에게 옮기지 않도록 주의해야 하지요.

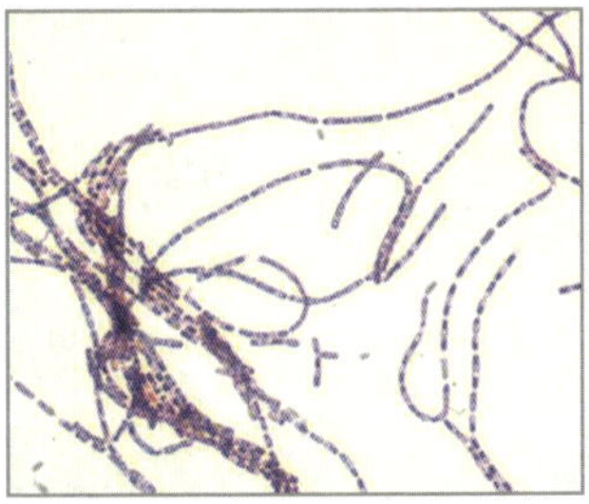
탄저균

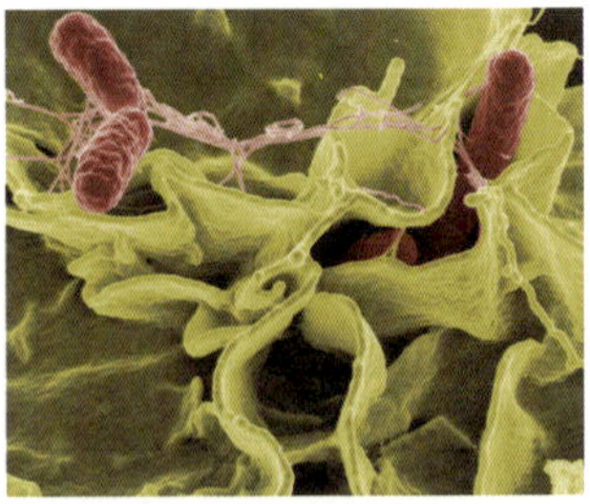
살모넬라균

세균이 질병을 일으킨다는 사실을 알아낸 과학자들은 그 후 놀라운 발견을 했어요. 병에 걸리기 전에 힘이 약한 병균을 몸속에 넣으면 몸이 '항체'라는 단백질을 만들어 다음번에 똑같은 병균이 침입해도 병에 걸리지 않는다는 사실이지요. 이것을 '면역'이라고 하며, 이때 몸속에 넣는 힘이 약한 병균을 '백신'이라고 해요. 그래서 이제는 백신을 맞고 많은 전염병을 예방하게 되었지요.

이런 곳에서도 생물이 산다고?

'고세균'은 다른 생물이 살 수 없는 험악한 환경에서도 사는 생물이에요. 이름 때문에 세균의 일종이라고 생각하기 쉽지만, 사실 세균과는 전혀 다르지요.

'메테인 생성 세균'은 산소가 없는 습지나 강바닥의 진흙 속, 또는 동물의 몸속에서 사는데, 먹이를 분해하는 과정에서 메테인 가스를 만들어요. 소의 배 속에서 트림이나 방귀를 만드는 것이 이들이지요. '호염성 세균'은 사해나 소금을 만드는 염전과 같이 염분이 매우 높은 곳에서 살며, 아주 짠 음식인 젓갈에서도 발견되었어요. '호열성 세균'은 깊은 바닷속 화산 근처나 뜨거운 온천처럼 온도가 아주 높은 곳에서 사는데, 끓는 물보다 더 뜨거운 113℃ 이상의 지역에서도 발견되었답니다.

어떻게 대항할지 이야기해 보자!
좋아!
이번 기회에 제대로 붙어보자!!
그래!
알겠어.
차라리 잘됐어!!!
사스: 치사율 10%
메르스: 치사율 36%
덤벼!
가소롭긴...
훗! 우리는 전염성이 높아 인간을 괴롭힐 수 있지!
인플루엔자 바이러스
후후
나는 독감으로 매년 약 50만 명을 죽인다고!
쿠오오오
나는 '죽음의 왕'이라 불리는 '에이즈'를 만들 수 있어.
훗
오~싹
헉! 그게 너였구나!

2

전 지구를 팬데믹에 빠트려 주지!

유산균의 말에 대장균은 담담한 표정으로 말했어요.

"흠. 네 의견은 잘 알겠어. 하지만 지금 바로 결정할 수는 없어. 아직 얘기 안 한 미생물들이 많으니까, 얘기를 더 들어 본 뒤에 다시 의논하자. 자, 세균들은 얼추 다 얘기한 것 같으니, 이번엔 바이러스들의 얘기를 들어 볼까?"

"야, 유산균! 우리에게 전쟁을 선포한 인간들하고 대화를 하자고? 무슨 헛소리야?"

대장균의 말이 끝나기 무섭게 인간 면역 결핍 바이러스가 냅다 소리를 지르며 유산균을 다그쳤어요. 다혈질인 그의 성격을 잘 아는 유산균은 아무 말도 못 하고 숨만 크게 몰아쉬었지요. 인플루엔자 바이러스가 맞장구를 쳤어요.

"그러게. 말이 되는 소리를 해야지. 난 오히려 이번 기회에 우리가 인간들에게 따끔하게 본때를 보여 줘야 한다고 봐."

그때 코로나 바이러스가 쭈뼛거리며 나섰어요.

"저, 좀 전에 모두에게 화를 내서 미안해. 콜레라균의 말에 잠시 울컥해서 이성을 잃었어. 하지만 나 때문에 인간들이

지구의 모든 미생물을 없애겠다고 한 건 사실이잖아. 어찌 됐든 나로 인해 이런 사태가 벌어져서 정말 미안해."

코로나 바이러스가 깊숙이 고개를 숙이자 콜레라균이 퉁명스럽게 말을 받았어요.

"인간들의 이번 결정이 너 때문인 건 맞지만, 인간들이 우리에게 전쟁을 선포한 게 어디 한두 번이야? 고만 됐어! 어떻게 인간에게 대항할지나 얘기해 봐."

그러자 콜레라균과 함께 코로나 바이러스를 비난했던 다른 미생물들도 한마디씩 위로했어요.

"맞아! 신경 쓰지 마."

"그래, 차라리 잘됐어. 이번에는 인간하고 제대로 한번 붙어 보자고."

그 말에 힘을 얻은 코로나 바이러스가 다시 입을 열었어요.

"모두 고마워. 사실 난 박쥐 같은 야생 동물의 몸속에서 살던 평범한 바이러스였어. 그런데 인간들이 야생 동물들을 마구 잡아먹으면서 인간에게 옮아가게 되었지. 그 과정에서 몇 번 돌연변이가 일어나더니, 어느 순간 전염성과 치사율이 높은 신종 바이러스가 되어 있더라고. 벌써 사스와 메르스에 코

로나-19까지 유행시켰잖아."

"전부 호흡기 관련 전염병인가?"

대장균이 아는 체를 했어요.

"응. 모두 열이 많이 나고, 숨이 차며, 기침을 많이 해. 증상이 가벼운 인간들도 많지만, 심하면 폐렴으로 발전하기 때문에 나이가 많거나 원래 병이 있는 인간들은 많이 죽어. 사스는 치사율이 약 10%, 메르스는 36%쯤 돼. 코로나-19는 치사율은 낮지만 전염성이 엄청 강해서 인간들이 고생을 많이 하고 있지."

"우아! 메르스는 치사율이 36%라니, 열 명이 메르스에 걸리면 세 명 이상 죽는다는 얘기잖아."

인플루엔자 바이러스가 놀라자 코로나 바이러스가 작게 웃으며 말을 이었어요.

"후후. 쑥스럽게 놀라긴. 근데 인간들은 대체 어떻게 우릴 모두 없애겠다는 걸까?"

그 말에 인플루엔자 바이러스가 황당한 듯 큰 소리로 떠들었지요.

"그러게 말이야! 세균도 인간이 현미경으로만 볼 수 있을 정도로 아주 작지만, 우리는 크기가 세균의 100분의 1 정도밖에 안 돼. 아주 성능 좋은 전자 현미경이 있어야 겨우 보일 거라고. 근데 우리를 볼 수도 없으면서 어떻게 잡아서 없애겠다는 거야? 도무지 현실성이 없어. 쯧쯧."

그러자 대장균이 골똘히 생각하더니 대답했어요.

“그 말이 맞긴 한데, 인간들에게 무슨 방법이 있으니까 그런 정책을 발표했겠지. 그런 건 신경 쓰지 말고 너는 어떻게 할 생각인지나 말해 봐.”

인플루엔자 바이러스는 대장균의 말에 삐쳤는지 입을 쑥 내밀며 말했어요.

“칫, 알았어. 난 해마다 세상을 떠들썩하게 하는 유명한 전염병, ‘독감’을 퍼트려. 주로 겨울이 되면 눈부신 활약을 하지. 해마다 모습을 조금씩 바꿔서 인간의 면역을 혼란스럽게 만드는 게 내 특기야. 감염력은 또 얼마나 강력한데? 한번 걸려 보라고 해. 고열에 기침, 재채기, 근육통까지 아마 견디기 꽤 힘들걸? 심하면 폐렴으로 죽기도 한다고.”

그때 갑자기 콜레라균이 끼어들었어요.

"에이, 그 정도 가지고 인간들한테 본때를 보여 준다고 한 거야? 난 하도 큰소리를 치길래 엄청 대단한 줄 알았지."

콜레라균의 도발에 인플루엔자 바이러스는 가소롭다는 얼굴을 했어요.

"그런 같잖은 소리에 일일이 대답할 필요는 없지만, 모두 궁금해할 것 같으니 말해 줄게. 넌 좀 전에 콜레라를 대유행시켜 수십만 명의 인간을 죽였다고 자랑했지? 훗! 난 너랑 스케일이 달라. 해마다

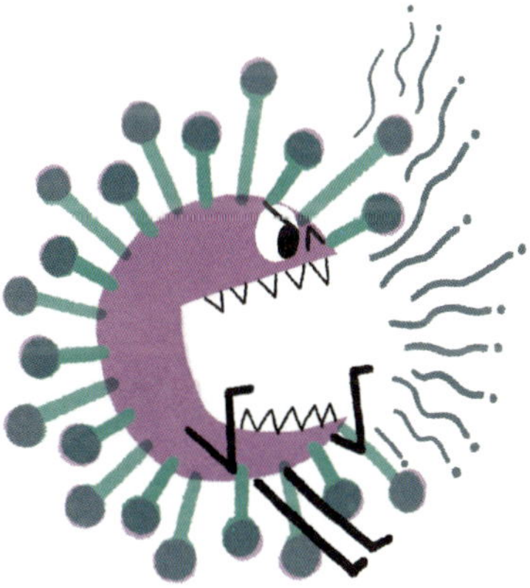

독감으로 죽는 인간들이 몇 명인 줄 알아? 약 50만 명이야. 에이, 벌써 놀라면 안 되지. 어쩌다가 대유행이라도 되면 인간 수천만 명 정도는 거뜬하다고. 100년쯤 전에 '스페인 독감'이라는 독감이 발생했는데, 2년 동안 전 세계에서 5000여만 명이 사망했지. 어때, 이 정도면 큰소리칠 만한가?"

인플루엔자 바이러스가 잘난 체를 하며 말을 마쳤어요. 콜레라균은 분했지만, 자신의 위력이 인플루엔자 바이러스보다 한참 부족하다는 사실은 분명해 보였어요. 분위기가 달아오르자 인플루엔자 바이러스가 말을 덧붙였어요.

"아참, 내 친척 중에 'H5N1 조류 인플루엔자 바이러스'라고 있는데, 나만큼 유명해. 원래는 닭, 오리, 기러기 등의 새에게만 감염되어 조류 독감을 일으켰는데, 돌연변이가 생기면서 인간에게도 감염되고 말았지. 전염성이 아주 강한 데다, 치사율이 60%쯤 되나 봐. 정말 무시무시한 애지. 하지만 아직 인간끼리는 전염이 잘 안 되나 보더라고. 인간끼리 전염이 잘 된다면 얘가 딱 미생물 특공대 대장감인데 말이야."

치사율이 60%라는 소리에 다들 말을 잊고 멍하니 인플루엔자 바이러스를 바라보았어요.

"헐, 정말 너무 놀라서 벌어진 입이 안 다물어진다. 근데 너희 바이러스들은 어떻게 그렇게 돌연변이가 잘 일어나?"

대장균이 고개를 갸우뚱하며 물었어요.

"기본적인 원인은 우리 몸에 있는 유전자가 불안정하기 때문이지만, 사실 대부분은 인간이 환경을 만들었어."

"그게 무슨 소리야?"

"인간들이 가축을 대량으로 키우고, 야생 동물을 마구 잡아먹으면서 바이러스들이 자연적으로 일어날 수 있는 것보다 훨씬 빠른 속도로 뒤섞이기 때문이야. 그러다 보니 자꾸 돌연변이가 생겨나는 거지."

그 말에 인간 면역 결핍 바이러스가 고개를 끄덕이며 말을 보탰어요.

"맞아! 난 수십만 년 동안 침팬지 몸속에 있었어. 그런데 100년쯤 전에 인간에게 옮겨 와 병을 일으켰지. 이 병은 '에이즈'라는 이름으로 전 세계에 퍼졌어."

"어머, 네가 에이즈를 일으키는 바이러스니?"

코로나 바이러스가 눈을 동그랗게 떴어요.

"응. 나는 다양한 병으로부터 인간의 몸을 지켜 주는 면역

세포를 파괴해서 인간의 면역을 약하게 만들어. 면역이 약해지면 감기 같은 대수롭지 않은 병에도 쉽게 감염되고, 증상도 심해져서 많이 죽게 돼. 그래서 인간들이 한때 에이즈를 '죽음의 병'이라고 불렀지."

"와, 정말 너희 종족은 엄청나구나. 미생물 특공대 중에서도 최강이 되겠는걸?"

대장균이 감탄하자, 인간 면역 결핍 바이러스는 오만한 말투로 대꾸했어요.

"게다가 인간들은 아직까지 에이즈를 완전히 치료하는 약은 못 만들었어. 물론 병을 일찍 발견하면 내가 몸속에서 늘어나는 것을 막는 약은 있대. 하지만 나는 잠복 기간이 길어서 금

세 병이 나타나지 않다 보니, 인간들이 한동안은 알아차리지도 못해. 그런데도 나를 완전히 없애는 게 가능할까? 뭐, 내가 걱정할 일은 아니지만 말이야. 흣!"

인간 면역 결핍 바이러스는 짧게 웃음을 터뜨리며 말을 마쳤어요. 그의 조용한 웃음소리에 다른 미생물들조차 오싹함을 느꼈어요.

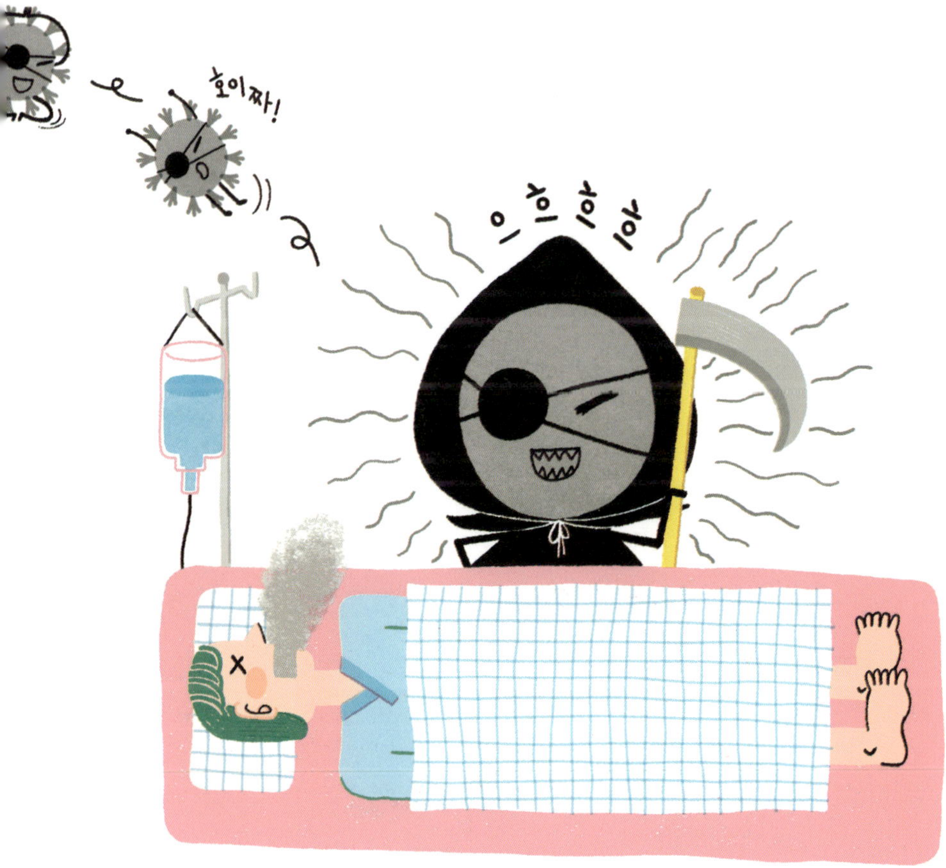

우리를 소개할게요!

바이러스(Virus)

생물도 무생물도 아닌 바이러스

바이러스는 이 세상 어떤 생물하고도 닮지 않았어요. 모든 생물은 세포로 이루어져 있으며, 먹고, 자라고, 움직이고, 숨을 쉬지요. 하지만 바이러스는 세포도 없이 그저 DNA 몇 개를 단백질로 감싼 아주 단순한 구조를 띠어요.

바이러스는 혼자 있으면 먹지도 않고, 자라지도 않으며, 움직이지도 않고, 숨 쉬지도 않아요. 그런데 바이러스가 생물의 몸 속으로 들어가면 180도 달라져요. 세포에 자리 잡고 세포를 자기 뜻대로 부리지요. 이를 '감염'되었다고 하는데, 바이러스에 감염된 세포는 자기 할 일을 잊고, 똑같은 바이러스를 끝없이 만들어요. 그렇게 만들어진 수많은 바이러스들은 결국 세포를 뚫고 밖으로 나와요. 이 과정에서 세포는 파괴되거나 변형되기 때문에 우리 몸은 질병에 걸린답니다.

아주 작고 아주 많은 바이러스

바이러스도 세균처럼 이 세상 어디에나 있지만, 눈에는 보이지 않아요. 바이러스는 세균 크기의 50분의 1~100분의 1 정도로 매우 작아서, 아주 성능이 뛰어난 전자 현미경으로만 볼 수 있지요. 모양은 여러 가지인데, 압정이 잔뜩 꽂힌 공 같은 것도 있고, 우주 탐사선처럼 생긴 것도 있으며, 꾸물꾸물 벌레 모양을 한 것도 있어요. 지금까지 밝혀진 바이러스의 종류는 160만 개쯤 되는데, 과학자들은 이것이 지구에 있는 바이러스의 1% 밖에 안 될 거라고 추측해요.

바이러스는 1898년에 네덜란드의 마르티누스 베이에링크가 담배 모자이크병에 걸린 담뱃잎을 연구하다 발견했어요. 그는 담뱃잎을 병들게 하는 것이 새로운 생명체일 거라고 추정하고, '바이러스'라고 불렀어요. 하지만 그 당시에는 현미경이 발달하지 않아서 바이러스를 직접 보지 못했지요. 그 후 약 40년이 지난 1939년에야 독일의 헬무트 루스카가 전자 현미경으로 최초의 바이러스 사진을 찍었는데, 이것이 바로 담배 모자이크 바이러스였답니다.

담배 모자이크병에 걸린 담뱃잎

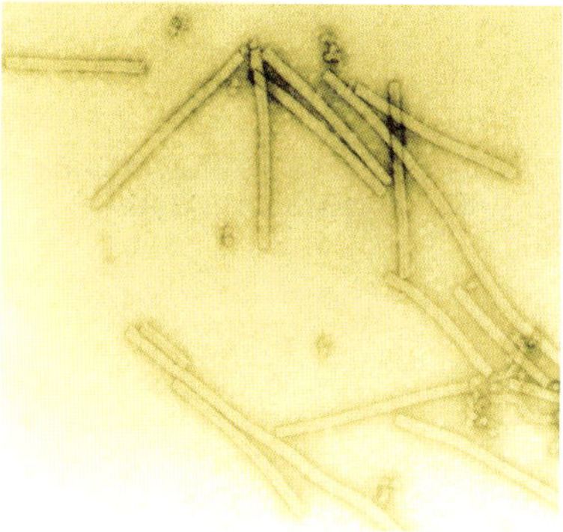
담배 모자이크 바이러스

무시무시한 바이러스

인구가 늘어나면서 인간들은 가축을 아주 많이 키우고, 야생 동물을 마구 잡아먹었어요. 그 과정에서 바이러스가 자연적인 속도보다 훨씬 빠르게 돌연변이를 일으키고 있지요. 그러다 보니 자꾸 새로운 종류의 바이러스가 생겨나고, 이 바이러스가 순식간에 지구촌에 퍼지면서 대유행 전염병이 늘고 있어요.

인간이 바이러스에 감염되면 없애기가 무척 힘들어요. 바이러스가 세포 속에 들어 있기 때문에 바이러스만 골라서 죽일 수는 없고, 세포까지 없애야 하기 때문이에요. 또한 바이러스는 종류가 너무너무 많은 데다, 신종 바이러스가 자꾸 생기는 바람에 아직까지 모든 바이러스를 죽이는 약은 없어요.

하지만 다행히 인간의 몸속에 바이러스가 들어오면 백혈구가 항체를 만들어요. 항체가 생기면 다음번에 똑같은 바이러스가 몸속에 들어왔을 때 바이러스와 싸워 이길 수 있지요. 그래서 우리 몸속에 항체들을 미리 만들어 놓을 수 있게 약한 바이러스가 들어 있는 예방 주사를 맞는 거예요.

병을 치료하는 바이러스

바이러스 때문에 병에 걸리기도 하지만, 바이러스가 병을 치료하기도 해요. 바이러스 중에는 기생충, 곰팡이, 세균, 암세포 등을 파괴해서 병을 치료하는 바이러스가 있어요. 특히 '박테리오파지'라는 바이러스는 사람도, 동물도, 식물도 감염시키지 않고 세균만 감염시켜 죽여요. 그래서 박테리오파지로 세균이 일으키는 전염병을 치료할 수 있지요. 게다가 박테리오파지는 세균을 죽이는 약인 항생제와 달리 부작용이 없어요.

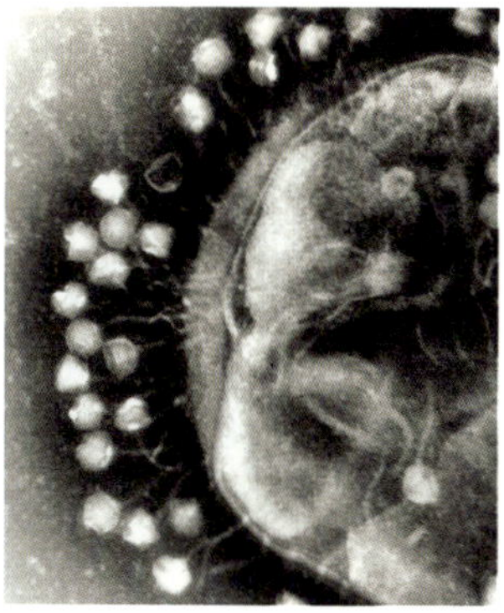
세균에 달라붙은 박테리오파지

하지만 박테리오파지를 병 치료에 이용하는 데에는 문제점이 있어요. 박테리오파지의 종류가 세균만큼이나 많아서 각각의 세균에 적합한 천적 박테리오파지를 찾는 일이 쉽지 않다는 점이에요. 그래서 오늘날에도 과학자들은 세균의 천적 박테리오파지를 찾아 세균이 일으키는 전염병을 치료하기 위해 애쓰고 있지요.

생물과 무생물의 차이점은?

바이러스가 생물도 아니고 무생물도 아니라고 했지요? 그렇다면 생물과 무생물은 각각 어떤 특징이 있을까요? 생물은 대부분 물과 공기가 꼭 필요해요. 또한 양분을 섭취해야 하며, 이로 인해 몸이 자라지요. 마지막으로 자손을 퍼트려야 생물이라고 할 수 있어요. 반면, 무생물은 물과 공기가 필요 없고, 양분을 섭취하지 않으며, 몸이 자라지 않고, 자손을 퍼트리지 않는답니다.

난 나보다 작은 생물이나 세균을 잡아먹을 뿐 인간한테는 아무런 해를 끼치지 않는다고!! 정말 억울해 죽겠어!!!
부들
부들
나도 아메바와 마찬가지야! 그리고 우리를 없애면 우리를 잡아먹는 작은 물고기도, 그 물고기를 잡아먹는 큰 물고기도 죽게 될 게 뻔하다고!
난 인간들에게 꼭 필요한 산소도 만들어 주는데… 게다가 단백질, 비타민 같은 영양소가 많아서 인간들은 나를 건강식품으로 먹기까지 하는걸? 그런데도 우리를 없애겠다고?
우리는 광합성을 해서 지구에 필요한 산소를 만들어!!
O2
O2
O2
게다가 우리는 물고기의 먹이가 되기 때문에 바다 생물 모두가 살 수 있는 거야!
썩 내키진 않지만 나라도 인간과 진지하게 대화를 나눠 봐야 할 것 같아!
진지

3

별로 해를 끼친 것도 없는데 억울해!

얼마의 시간이 흘렀을까요? 아메바가 적막을 깨뜨리고 말문을 열었어요.

"지금까지 바이러스들의 얘기를 죽 들어 보니, 인간들의 욕심과 이기심은 끝이 없는 것 같아. 바이러스들은 얘기가 끝난 것 같으니 지금부터는 우리가 얘기해도 될까?"

"좋아!"

대장균이 고개를 끄덕이며 동의하자, 아메바가 느릿느릿 이야기를 시작했어요.

"인간들은 우리 종족을 '원생생물'이라고 부르는데, '맨 처음 생겨난 생물'이라는 뜻이야. 사실 지구에 맨 처음 나타난 생물은 세균인데, 인간들이 무식하다 보니 우리가 가장 먼저 생긴 줄 알았나 봐. 세균들한테는 좀 미안해. 하지만 우리 잘못은 아니니까 이해해 줄 거지?"

아메바가 젤리 같은 몸을 흐느적거리며 대장균을 바라보았어요. 대장균은 부드러운 얼굴로 대답했지요.

"물론이지. 인간들이 자기들 편하자고 붙인 이름인데, 아무렴 어때?"

아메바는 고맙다는 듯 몸을 살짝 움츠렸다 편 뒤, 천천히 말을 이었어요.

"나는 주로 논, 연못, 하천, 폭포, 바다 등 물이 많은 곳에서 살아. 물론 인간의 입과 큰창자 속에서도 살지. 하지만 난 그 속에서 나보다 더 작은 생물이나 세균을 잡아먹을 뿐, 인간한테는 아무런 해도 끼치지 않아. 오히려 같은 미생물을 잡아먹는다며 여기저기에서 욕을 먹고 있다고. 그런데 인간한테 아무런 해도 끼치지 않는 우리까지 없애겠다니 그게 말이 돼? 우리가 무슨 잘못을 했냐고. 진짜 억울해 죽겠어!"

아메바가 분하다는 듯 젤리 같은 몸을 제멋대로 부들부들 떨었어요.

“간혹 따뜻한 지역의 고인 물에 사는 우리 친척이 인간의 몸속으로 들어가면 인간이 죽기도 해. 하지만 그건 인간이 부주의해서 그런 거잖아.”

"이제 와서 잘잘못을 따져 봐야 무슨 소용이 있겠어. 그건 그렇고 너희 친척 완전 센데? 인간들이 왜 죽는 거야?"

콜레라균이 궁금한 듯 물었어요.

"걔들은 보통 인간의 코를 통해 들어가서 뇌로 이동한 다음, 뇌세포를 파괴하거든. 열과 두통이 나타나다가 의식을 잃지. 짧으면 3일, 길면 12일 만에 죽고, 치사율이 90%가 넘을 정도로 높아. 와, 내가 말하면서도 무섭네. 여차하면 걔들을 미생물 특공대로 보낼까?"

아메바가 으스스한 표정으로 대답하는 순간, 짚신벌레가 빽빽이 난 짧은 털을 흔들며 불쑥 끼어들었어요.

"잠깐만! 아메바 때문에 병에 걸린 인간들의 증세가 뭐가 중요해? 그 얘기는 그만하고, 내 얘기를 좀 들어 봐. 나도 아메바처럼 세균이나 작은 생물들을 잡아먹고 살다 보니 미생물들한테 원성이 자자해. 하지만 우리도 수많은 물속 생물들한테 잡아먹힌다고. 그러니 만약 인간들이 우리를 없애면 어떻게 되겠어? 우리를 잡아먹는 작은 물고기도, 그 물고기를 잡아먹는 큰 물고기도 사라질 게 뻔해. 그럼 인간들은 무사하겠냐고, 엉?"

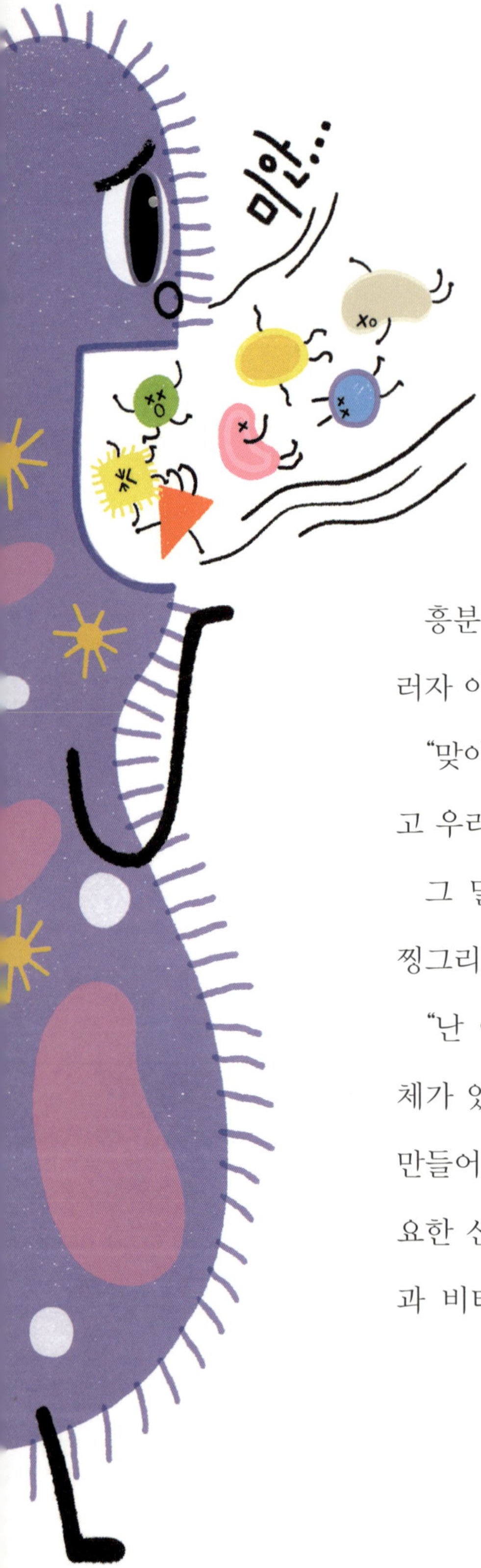

흥분한 짚신벌레가 버럭 화를 냈어요. 그러자 아메바도 거들었지요.

"맞아! 인간들은 그런 상황을 예측이나 하고 우리를 없애겠다는 걸까? 에잇, 열받아."

그 말에 클로렐라가 둥근 초록색 얼굴을 찡그리며 의문을 제기했어요.

"난 아메바나 짚신벌레와 달리 몸에 엽록체가 있어서 광합성을 통해 스스로 영양분을 만들어 살아가. 그 과정에서 인간에게 꼭 필요한 산소를 만들어 주지. 게다가 난 단백질과 비타민 같은 영양소가 많아서 인간들은 나를 건강식품으로 먹기까지 해. 그런데도 우리를 없애겠다고? 그럴 리가 없는데……. 혹시 내가 엽록체가 있어서 식물로 착각하는 게 아닐까?"

"넌 보통 식물이라면 갖고 있는 뿌리, 줄기, 잎도 없고, 꽃도 피지 않으니까 당연히 식물이 아니잖아. 설마! 인간들이 그런 것도 모를까?"

대장균이 깜짝 놀라며 되물었어요.

"그건 모르지. 인간들이 얼마나 무식한지 잊었어?"

한동안 잠자코 있던 충치균이 대꾸했어요. 그때였어요. 몸이 유리처럼 투명하고 딱딱한 뼈대로 이루어진 방산충이 처음 입을 열었어요.

"인간들이 정말 무슨 생각으로 이러는지 이해가 안 돼! 우리처럼 바다를 떠다니는 작은 원생생물들은 인간에게 도움을 주면 줬지, 피해는 거의 안 줘. 우선, 인간들이 편히 숨 쉬고 사는 건 클로렐라처럼 광합성을 하는 원생생물의 힘이 커. 지구 대기에 있는 산소의 절반 이상을 얘들이 만들었거든."

클로렐라가 흐뭇한 표정을 지었어요. 방산충은 살짝 미소를 띠며 말을 이었어요.

"그리고 수많은 바다 생물이 살아갈 수 있는 것도 우리 덕분이야. 스스로 영양분을 만드는 원생생물을 다른 원생생물이 잡아먹지만, 그들도 다른 물고기 등의 먹이가 되기 때문에 바다 생물 모두가 살 수 있다고. 짚신벌레도 얘기했지만, 인간들이 아무 잘못도 없는 우리 원생생물까지 멸종시킨다면 물속 생태계 전체가 큰 위험에 빠질 거야. 그렇게 되면 결국

지구에 사는 생물 모두가 위험에 처하는 거라고. 썩 내키진 않지만, 나라도 인간들과 진지하게 대화를 나누어야 할 것 같아."

방산충의 말에 미생물들은 모두 할 말을 잃고, 각자 깊은 생각에 빠졌어요.

우리를 소개할게요!

원생생물(Protist)

지구에서 두 번째로 오래된 생물

원생생물은 핵막으로 둘러싸인 뚜렷한 핵을 가진 진핵생물 가운데 동물, 식물, 균류 어디에도 속하지 않는 생물 무리를 말해요. 지구에 맨 처음 세균이 나타나고 한참 뒤에 세균 가운데 일부가 합쳐져서 생겨났지요. 주로 물속이나 축축한 곳에서 살아요. 사람의 몸속에도 많은 원생생물이 산답니다.

원생생물은 대부분 단세포 생물로 크기가 매우 작아 현미경으로 봐야 하지만, 미역, 다시마, 파래 등은 다세포 생물로 맨눈으로 볼 수 있어요.

각양각색의 원생생물

원생생물은 종류도 많고, 생활 방식도 아주 다양해요.

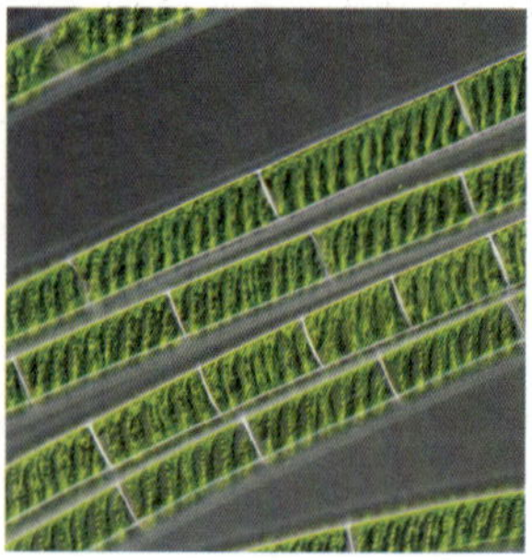
해캄

클로렐라, 해캄, 미역, 파래 등은 몸속에 엽록체가 있어서 광합성을 통해 스스로 영양분을 만들어요. 그 과정에서 생물에게 꼭 필요한 산소를 만들지요. 미역, 파래, 김 등은 인간들이 즐겨 먹는 음식 재료이기도 해요. 클로렐라는 단백질, 비타민 같은 영양소가 많아서 건강식품으로 먹기도 한답니다.

짚신벌레나 아메바 등은 세균이나 작은 원생생물을 먹어서 영양분을 얻어요. 짚신벌레는 옛날 사람들이 신었던 짚신처럼 생겨서 이런 이름이 붙었어요. 몸에 짧은 털이 아주 많은데, 이 털은 먹이를 잡거나 헤엄칠 때 쓰지요. 아메바는 일정한 모양이 없고 온몸이 젤리 같은데, 몸통 여기저기에서 가짜 발이 쭉 뻗어 나와 물속을 흐느적거리며 기어가요. 행동이 워낙 굼떠서 1시간 동안 2cm밖에 못 간답니다. 하지만 눈도 없는 아메바가 먹이를 발견하면 귀신같이 알아차리고 먹이를 감싸서 녹여 먹어요.

유글레나는 몸의 끝부분에 하나 또는 두 개의 긴 털이 있어요. 햇빛이 있을 때에는 광합성을 하지요. 하지만 일부 종류는 햇빛이 없으면 작은 생물을 잡아먹고 산답니다.

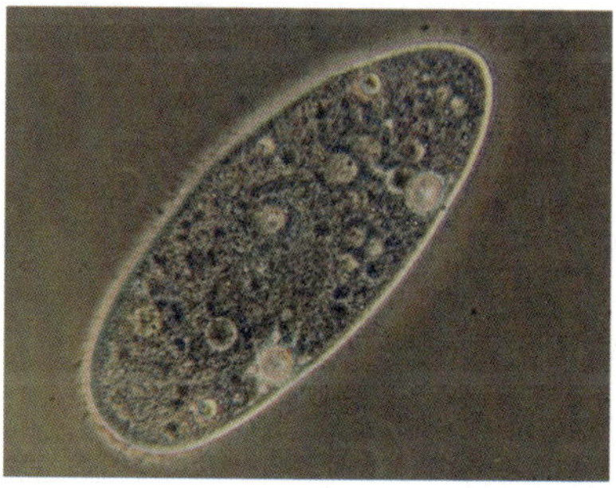

짚신벌레

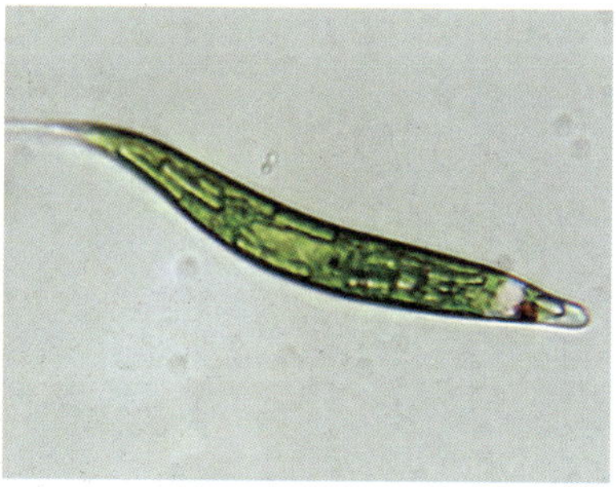

유글레나

무서운 병을 일으키는 원생생물

어떤 원생생물은 무서운 병을 일으키기도 해요. 말라리아 원충은 말라리아모기의 몸속에 살다가 사람에게 옮겨 와 '말라리아'라는 병을 일으켜요. 말라리아에 걸리면 몸이 으슬으슬 춥고 떨리다가 열이 나다가 하는 상태가 반복되지요.

아메바 중에서도 사람에게 아주 위험한 종류들이 있어요. 이질아메바는 주로 오염된 물이나 음식을 통해 사람의 몸속으로 들어와 '이질'을 일으키는데, 배가 아프고 쉴 새 없이 설사가 쏟아지지요.

열대와 아열대 지방의 고인 물에서 사는 '파울러 자유 아메바'는 더 지독해서, 이 아메바가 코를 통해 사람의 몸속으로 들어오면 뇌로 이동해 뇌세포를 파괴해요. 대부분 짧으면 3일, 길면 12일 만에 사망하며, 치사율이 90%가 넘을 정도로 아주아주 높아요. 다행히 이 아메바는 염소 소독으로 없앨 수 있으며, 우리나라에서는 아직 감염된 사람이 없답니다.

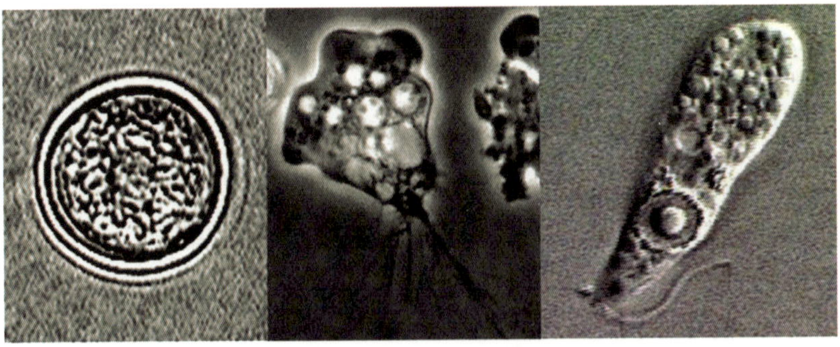

파울러 자유 아메바

많은 도움을 주는 원생생물

하지만 병을 일으키는 원생생물보다 도움을 주는 원생생물이 훨씬 더 많아요. 어떤 원생생물은 산소를 만들고, 어떤 원생생물은 세균이 무시무시하게 불어나면 세균을 잡아먹어서 그 수를 조절해 주지요.

게다가 바다에서는 수많은 바다 생물들이 원생생물을 잡아먹고 살아요. 광합성을 통해 스스로 영양분을 만드는 원생생물인 조류를 다른 원생생물들이 잡아먹고, 이들은 작은 물고기 등 더 큰 바다 생물에게 잡아먹히며, 작은 물고기 등은 큰 물고기나 고래 등에게 잡아먹힌답니다. 이와 같이 먹고 먹히는 자연스러운 삶의 순환 과정 때문에 바다 생물 모두가 살 수 있는 거지요. 이는 결국 지구의 모든 생물이 사는 것과 연결되기 때문에, 원생생물은 지구 생태계를 유지하는 아주 중요한 역할을 하고 있답니다.

우리 균류는 땅속에서 썩은 음식이나
동식물의 사체, 동물의 똥같은 걸
먹고 살아가. 우리가 없으면
금새 죽은 동식물과 똥, 인간들이
버린 쓰레기로 넘쳐날 걸?
쿠오오오오
어머! 그냥 두면 저절로 썩어서 흙이 되는 거 아니었어?
아니거든?

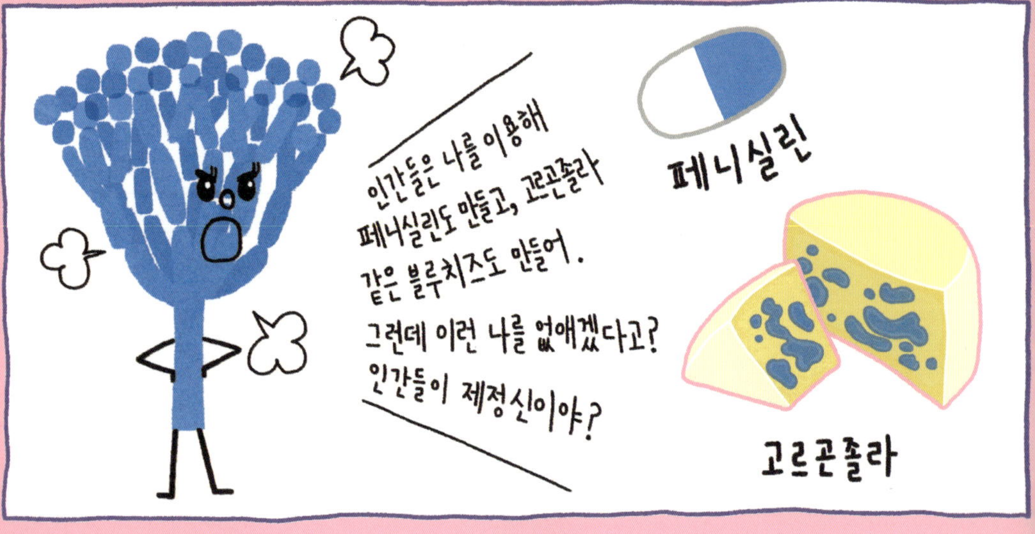
인간들은 나를 이용해
페니실린도 만들고, 고르곤졸라
같은 블루치즈도 만들어.
그런데 이런 나를 없애겠다고?
인간들이 제정신이야?
페니실린
고르곤졸라

인간에게 본때를 보여줄 이유가 하나 더 생겼군.
그럼 너희 균류도 미생물 특공대를 할 수 있어?
당연하지!
그래!
좋아!!

4

지구가 온통 쓰레기로 뒤덮일걸?

"그것참! 회의 분위기가 이상하게 돌아가네. 어쨌든 이제 '균류'만 남았나?"

고요하던 회의장에 대장균의 목소리가 울려 퍼졌어요. 그러자 가는 실 같은 것이 서로 엉킨 모습을 한 거미줄곰팡이가 부루퉁한 목소리로 말했어요.

"그래. 근데 대체 방산충은 인간들과 무슨 대화를 하겠다는 거야? 우리 종족이 인간들한테 얼마나 많은 푸대접을 받고 사는데, 그걸 알고도 그런 소리를 하는 거야?"

거미줄곰팡이는 몹시 화가 나는지 얼굴이 붉으락푸르락했어요. 방산충은 힘없는 목소리로 사과했어요.

"몰랐어. 하지만 인간들의 잘못된 판단 때문에 지구 생태계 전체가 위험에 빠질까 봐 걱정이 돼서 그랬어. 미안해. 알았으니까 네 얘기를 해 봐."

거미줄곰팡이는 다시 이야기를 시작했어요.

"우리 종족은 대부분 축축하고 어두운 땅속에서 음식이나 동식물의 사체, 동물의 똥 같은 걸 먹고 살아가. 그러니까 우리가 없으면 지구가 어떻게 되겠어? 금세 죽은 동식물과 똥, 인간들이 버린 쓰레기로 넘쳐 날걸?"

"어머, 그냥 두면 저절로 썩어서 흙이 되는 게 아니었어?"

코로나 바이러스가 화들짝 놀라며 되묻자, 거미줄곰팡이는 어이없다는 표정을 지었어요.

"아니거든? 우리 곰팡이와 버섯 같은 균류가 그것들을 먹어 치우는 것을 썩는다고 하는 거야. 우리는 죽은 생물과 똥 등을 썩혀서 필요한 영양분만 얻고, 나머지는 자연으로 돌려보내. 그러니까 우리는 지구 환경을 깨끗하게 유지하는 환경미화원인 셈이라고. 쳇! 그런데 고맙다는 말은 못할망정 우리를 없애겠다고? 정말 화가 나서 견딜 수가 없어."

"맞아, 맞아. 우리더러 퀴퀴한 냄새가 나고 더럽다고 무시하는 것도 서러운데 말이야."

온갖 색깔의 곰팡이들이 맞장구를 치며 아우성쳤어요. 그때였어요. 푸른곰팡이가 벌떡 일어나서 떨리는 목소리로 이야기를 꺼냈어요.

깨끗하게!
지구는 우리가 맡는다!
열심

"난 인간들의 세균 감염을 치료하는 항생제인 '페니실린'을 만드는 데 쓰여. 페니실린은 플레밍이라는 사람이 나에게서 분리해 낸 이후, 세균에 감염되어 죽어 가는 수많은 인간들의 목숨을 구했지. 인간들이 더럽다고만 생각했던 우리가 인간의 생명을 구한 거야. 이후 인간들은 더 많은 항생제를 발견했고, 수십 년 동안 항생제를 만병통치약처럼 썼어. 그런데 최근에는 항생제를 지나치게 필요 이상으로 쓰는 바람에 항생제에도 끄떡없는 '슈퍼 세균'이 생겨났지. 그래서 이제 우리가 쓸모없어진 건가? 에잇, 약삭빠른 인간들 같으니라고."

"인간들은 의리도 없다니까."

거미줄곰팡이가 입을 삐죽거렸어요. 푸른곰팡이는 잔뜩 찌푸린 얼굴로 말을 계속했어요.

"그뿐인 줄 알아? 나는 우유를 발효시켜서 인간들이 고르곤졸라 같은 블루치즈를 먹을 수 있게 해 줘. 그런데 이렇게 많은 도움을 주는 나를 없애겠다는 인간들이 제정신이야?"

푸른곰팡이의 말에 미생물들이 다시금 와글와글 떠들기 시작했어요.

"맞아. 제정신이면 그럴 리가 없어."

"우아. 인간들은 무식한 줄만 알았더니. 양심도 없구나."

"그러니까 이번 기회에 우리가 인간들을 이 지구에서 몰아내야 한다니까?"

회의장이 갑자기 시끌벅적해지자 대장균이 나섰어요.

"자자. 진정해. 너희 말이 전부 맞아. 인간들에게 본때를 보여 줄 이유가 하나 더 생겼군. 그럼 너희 균류도 미생물 특공대를 할 수 있어?"

대장균의 물음에 거미줄곰팡이가 회의실 바닥에 털썩 앉으며 뻐기듯 대답했어요.

"그럼! 인간들이 집에서 만날 머리 아프다. 메스껍다. 어지럽다고 하는 건 다 우리 때문이야. 나 말고도 꽤 많은 곰팡이가 장롱 뒤. 욕실. 에어컨 속. 벽지 등에서 살면서 인간에게 해로운 독소를 내뿜거든. 그러니까 우리가 나서면 인간들을 알레르기성 비염. 아토피성 피부염. 천식. 호흡기 감염 등으로 얼마든지 괴롭힐 수 있어. 하핫!"

그러자 검은곰팡이가 거미줄곰팡이에 슬쩍 기대앉더니 말을 보탰어요.

"인간이 먹는 음식에 우리가 침투하기만 하면 게임 끝이야.

우리가 내뿜는 독소는 엄청 강해서 끓여도 없어지지 않거든. 인간들을 바로 식중독에 걸리게 할 수 있다고. 후후!"

곰팡이들의 말에 놀란 방산충이 고개를 절레절레 저었어요. 이번엔 인체 병원성 곰팡이인 피부 사상균이 나섰어요.

"나는 수영장이나 공중목욕탕 같은 곳에 사는데, 인간에게 슬쩍 옮겨 가 무좀 같은 병을 일으켜. 무좀에 걸리면 물집과 부스럼이 생기고 피부가 벗겨지며 아주 가렵지. 나 때문에 죽지는 않지만, 전염성이 있어서 인간들이 많이 괴로워하는 편

이야. 인간의 약 10%가 무좀으로 고생한다지?"

"그거 참 고소하다."

거미줄곰팡이가 휘파람을 불었어요. 피부 사상균은 담담하게 이야기를 이어 갔지요.

"그렇지만 인간들이 안 죽는다고 해서 우리를 얕잡아 보면 안 돼. 우리 친척 곰팡이 몇몇은 인간의 몸속으로 들어가면 신체 조직 속에서 마구 뻗어 나가면서 자라. 이를 '침습성 진균증'이라고 하는데, 이 병 때문에 매년 전 세계에서 100만

명 넘게 죽는대.”

회의장의 분위기는 후끈 달아오르고 있었어요. 그때 누룩곰팡이가 조용히 손을 들었어요. 그러고는 몹시 난처한 얼굴로 말했어요.

“난 인간들이 콩을 발효시켜 간장이나 된장을 만들거나 쌀을 발효시켜 막걸리를 만드는 데 꼭 필요해. 특히 된장에는 인간들의 몸에 좋은 여러 가지 물질이 듬뿍 들어 있지. 그런데 인간들이 이런 음식을 안 먹고 평생 살 수 있을까? 난 아무리 생각해도 이해가 안 돼. 저, 혹시 인간들이 우리를 없앤다는 건 잘못된 정보 아냐?”

“뭐라고? 지금 내 말을 못 믿겠다는 거야?”

충치균이 발칵 성을 내며 누룩곰팡이를 다그쳤어요. 하지만 누룩곰팡이는 표정 하나 변하지 않고 대답했어요.

"아니, 못 믿겠다는 게 아니고, 잘못 들었을 수도 있다는 얘기지."

그러자 동그란 공 모양의 균류인 효모가 머뭇거리며 둘 사이에 끼어들었어요.

"잠깐만! 둘 다 진정하고 내 얘기 좀 들어 봐. 난 인간들이 빵을 부풀릴 때에도 쓰이고, 와인이나 맥주 같은 술을 만들 때에도 쓰여. 인간들이 맛있는 빵을 먹고 술을 마실 때마다 우리에게 얼마나 고마워하는데……. 우리가 없으면 살맛이 안 난다나? 그런 인간들이 우리를 모두 없애라고 했다고? 난 도저히 믿어지지 않아."

효모가 간절한 눈빛으로 모두를 쳐다보자, 부채처럼 생긴 느타리버섯이 버럭 소리쳤어요.

"야, 넌 어떻게 인간 편을 들 수 있어? 실망이야!"

"아니야. 오해하지 마! 난 무턱대고 전쟁을 벌이기 전에 인간들과 대화를 했으면 좋겠다는 생각이 들었을 뿐이야."

효모가 조곤조곤 설명했지만, 느타리버섯은 쌀쌀맞게 대꾸했어요.

"내 생각은 달라. 그동안 우리 버섯들은 대부분 온몸을 다 바쳐 인간들의 음식 재료로 쓰였어. 맛있다고 짭짭거리며 먹을 때는 언제고, 이제 와서 다 없앤다고? 흥! 그러라고 해. 까짓것, 흰알광대버섯이나 독우산광대버섯 같은 독버섯으로 식중독에 걸리게 해 줄 테니……. 걔들은 독이 아주 강해서 자칫하면 죽을 수도 있다고."

느타리버섯의 말에 효모는 잠시 생각에 잠기는 듯하더니, 고개를 갸우뚱하며 물었어요.

"근데 너희, 미생물 맞지?"

"당연한 걸 왜 물어?"

느타리버섯이 발끈하며 되묻자, 효모가 대답했어요.

"혹시 말이야. 인간들이 너희를 식물로 잘못 알고 있지는 않을까 하고."

그러자 느타리버섯도 뭔가 짚이는 것이 있는 듯 통 하고 튀어 오르며 말했어요.

"어? 그럴 수도 있겠네. 아까 회의장에 들어올 때에도 충치균이 나를 보며 식물이 여기 왜 왔느냐고 해서 잠시 실랑이를 벌였거든."

"식물은 엽록체가 있어서 광합성으로 영양분을 만들지만, 버섯은 엽록체가 없잖아. 게다가 줄기와 잎 같은 기관도 없고 말이야. 그런데 어떻게 버섯을 식물로 착각할 수가 있어?"

대장균이 언짢은 얼굴로 충치균을 바라보며 물었어요. 당황한 충치균은 대장균의 눈치를 살피며 대답했어요.

"난 버섯의 갓, 자루, 균사체가 식물의 잎, 줄기, 뿌리인 줄 알았지."

그 말에 느타리버섯이 기다렸다는 듯 불만을 쏟아 냈어요.

"내가 그럴 줄 알았어. 의장! 나에게 시간을 좀 줘. 우리 버섯에 대해 설명하고 싶어."

느타리버섯의 의견에 대장균은 잠시 고민한 뒤, 고개를 끄덕였어요.

"그래. 얘기들이 거의 끝난 것 같으니 간단히 설명해 봐. 균류는 보통 거미줄처럼 가늘고 긴 '균사'로 이루어져 있고, '포자'로 번식한다는 사실쯤은 모두 알고 있을 거야."

"난 포자가 뭔지 모르겠는데?"

아메바가 좌우로 몸을 꿈틀거리며 묻자, 느타리버섯이 냉큼 대답했어요.

"포자는 식물의 씨 같은 거라고 생각하면 돼. 버섯은 크게 '균사체'와 '자실체'로 나뉘어. 균사체는 균사들이 그물망처럼 얽혀 있는 덩어리인데, 여기에서 물과 영양분을 빨아들여. 그런데 땅속에 묻혀 있어서 버섯의 뿌리라고 잘못 생각하지."

느타리버섯은 헛기침을 한 다음, 설명을 계속했어요.

"버섯은 땅속에서 균사체로 살아가다가 자손을 남길 때가 되면 자실체가 땅 위로 솟아나. 자실체는 위쪽에 우산처럼 퍼진 '갓'과 아래쪽에 갓을 받치는 '자루'로 나뉘는데, 갓은 잎으로, 자루는 줄기라고 잘못 생각하더라고. 그리고 자실체가 버섯의 전부라고 많이들 착각하지. 자실체에서는 포자가 나와 새로운 자손을 만들지만, 사실 우리는 일생의 대부분을 균사체로 지내. 이제 알겠지? 내 설명이 너무 길었나?"

느타리버섯이 설명을 끝내자, 대장균이 모두를 둘러보며 말머리를 돌렸어요.

"앞으로는 버섯에 대해 좀 더 관심을 가지면 좋겠어. 그건 그렇고, 지금까지 많은 미생물들이 어떻게 인간에게 대항할지 여러 얘기를 했어. 이제는 미생물 특공대를 뽑아야 할 시간이야. 잘 생각해 보고, 후보로 적합한 미생물을 추천해 줘."

그때였어요. 효모가 "잠깐만!" 하고 다급하게 외쳤어요.

"마지막으로 한마디만 할게. 지금까지 여러 미생물들의 얘기를 들으며 난 인간들이 우리에 대해 너무나 모른다는 생각을 했어. 하다못해 클로렐라나 버섯은 식물로, 아메바나 짚신벌레는 동물로 잘못 알고 있는 것 같아. 그 정도로 미생물에 대해 잘 모른다는 거겠지. 우리가 이렇게 무식한 인간들을 상대로 무조건 전쟁부터 벌이는 게 과연 잘하는 일일까? 그 전에 인간들과 진지하게 이야기라도 한번 나눠 봤으면 좋겠어."

유산균도 고개를 끄덕이며 효모의 말에 동의했어요.

"내 생각도 비슷해. 회의 내내 미생물 특공대를 뽑기 전에 인간들과 대화하는 게 순서라는 생각이 들었거든. 특히 우리에 대해서 잘못 알고 있는 부분은 반드시 바로잡아 줄 필요성도 느꼈고."

클로렐라와 방산충도 맞장구를 쳤어요.

"맞아! 나도 효모와 유산균의 의견에 대찬성이야."

"이번 기회에 우리 미생물이 인간들에게 얼마나 많은 도움을 주는지 알려 주자고."

그러자 인간과 전쟁을 벌이자고 강력히 주장했던 콜레라균과 인플루엔자 바이러스가 투덜댔어요.

"아니, 우리를 없애겠다는 인간들하고 도대체 무슨 대화를 하겠다는 거지?"

"그러게. 괜히 말 꺼냈다 본전도 못 찾는 거 아니야?"

그때였어요. 인간 면역 결핍 바이러스가 웬일로 효모와 유산균의 의견에 흔쾌히 동의했어요.

"나 원 참. 그렇게 인간들하고 대화하고 싶다면 해 봐! 대화를 통해 전쟁을 막고 지금처럼 함께 어울려 살아갈 수 있다면 더 바랄 나위 없겠지."

그 말에 눈을 감은 채 심각한 표정으로 고민하던 대장균이

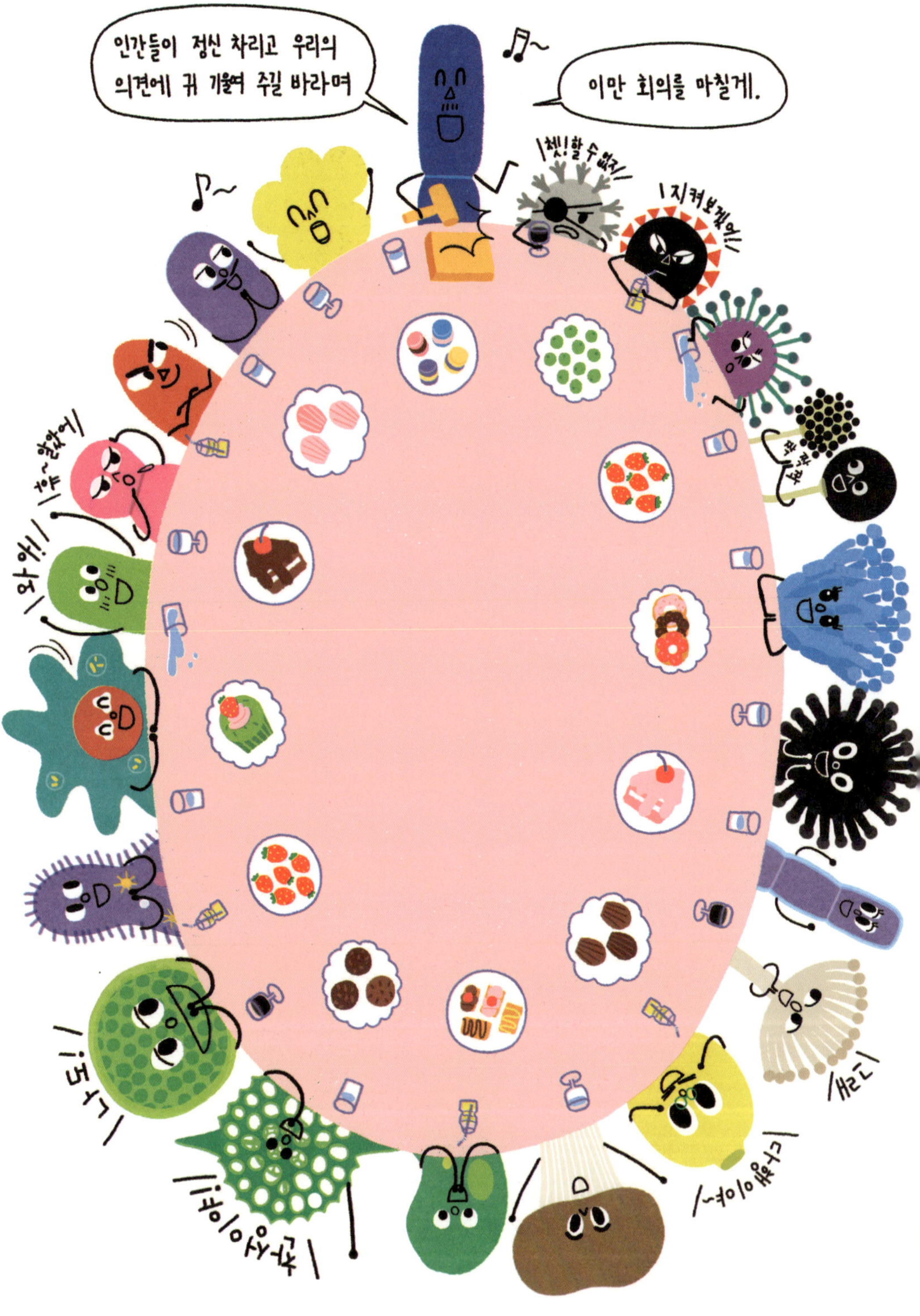
인간들이 정신 차리고 우리의 의견에 귀 기울여 주길 바라며
이만 회의를 마칠게.
칫! 할 수 없지!
지켜보겠어!
후~ 알았어
와아!

입을 열었어요.

“좋아! 정 그렇다면 인간들과 전쟁을 벌이기 전에 오늘 회의에서 나온 얘기들을 잘 정리해서 전달하는 게 좋겠어. 특히 우리에 대해 잘못 알고 있는 부분을 포함해서 말이야. 충치균, 오늘 나온 우리의 의견을 그대로 인간들에게 전달해 줘. 만약 그 얘기를 듣고도 우리를 없애겠다면 우리도 미생물 특공대를 만들어 인간들과 전면전을 벌이겠다고 알리고.”

“알았어. 그렇게 할게.”

대장균의 강경한 말에 충치균은 힘없이 대답했어요.

“미생물 특공대를 만들려고 모처럼 소집한 회의에서 엉뚱한 쪽으로 결론이 나서 미안해. 인간들과 전쟁을 벌이는 것도 좋지만, 이 아름다운 지구에서 우리 모두 행복하게 살았으면 하는 마음 때문인 것 같아. 무식하고 이기적인 인간들이지만, 부디 이번엔 정신 차리고 우리의 의견에 귀 기울여 줬으면 좋겠다. 오랜 시간 고생했어. 이만 회의를 마칠게.”

회의의 끝을 알리는 대장균의 말과 함께 드디어 말도 많고 탈도 많던 미생물들의 회의가 끝났어요.

우리를 소개할게요!

균류(Fungi)

균류란?

곰팡이, 버섯, 효모 같은 생물 무리를 '균류'라고 해요. 균류는 대부분 가늘고 긴 실 모양의 '균사'로 이루어져 있어요. 단, 동그란 공 모양의 효모는 예외로 균사가 없지요. 균류의 균사는 우리 눈에 보이지 않는 곳에도 넓게 퍼져 있어요. 균사가 계속 자라서 그물과 같이 거대하고 복잡한 구조가 되면 이를 '균사체'라고 하지요.

균류는 엽록체가 없어서 스스로 양분을 만들지 못하고, 주로 죽은 생물이나 동물의 배설물 등에서 양분을 얻거나 다른 생물에 기생해서 살아요. 대부분 사람이 따뜻하다고 느끼는 정도의 온도를 좋아하고 축축한 환경에서 잘 자라지만, 햇빛이 필요 없으므로 어디에서든 살 수 있답니다. 균류는 '포자'를 퍼트려 자손을 남기는데, 포자는 식물의 씨 같은 것이에요. 포자가 균류로 무사히 자라기까지는 어려움이 많기 때문에 균류는 최대한 많은 포자를 퍼트리지요.

다양하게 이용되는 균류

사람들은 오래전부터 균류와 밀접한 관계를 맺어 왔어요. 효모는 곡식이나 과일을 발효시켜 맥주나 포도주 같은 술을 만들거나 빵 반죽을 부풀릴 때 쓰여요. 누룩곰팡이는 콩을 발효시켜 된장이나 간장을 만들고, 쌀을 발효시켜 막걸리를 만드는 데 쓰이지요. 푸른곰팡이는 우유를 발효시켜 블루치즈를 만드는 데 쓰이며, 푸른곰팡이에서 얻은 물질로는 페니실린이라는 항생제를 만들어요. 장기 이식을 했을 때 거부 반응을 줄이는 약도 곰팡이에서 얻는답니다.

우리가 일상적으로 먹는 음식 중에는 균류인 버섯을 재료로 이용하는 것이 많아요. 표고, 새송이, 느타리, 팽이 등 많은 종류의 버섯이 주요 식재료로 사용되지요.

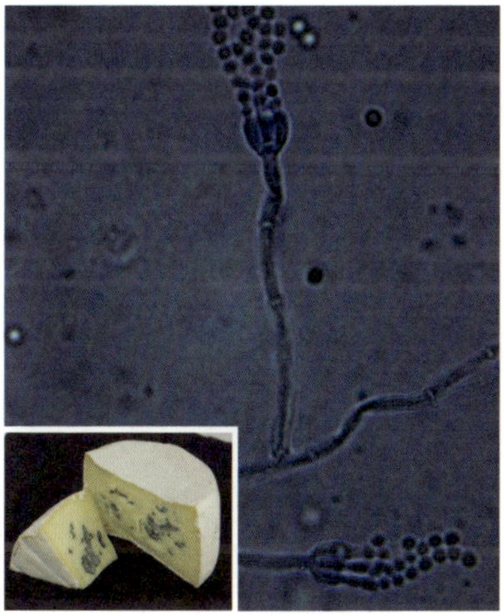

푸른곰팡이와 블루치즈

표고버섯

위험한 균류

버섯 중에는 먹을 수 있는 종류도 많지만, 일부 야생 독버섯은 잘못 먹으면 치명적인 피해를 입을 수 있어 매우 주의해야 해요. 독버섯의 독성은 물에 씻거나 가열한다고 해서 사라지지 않기 때문에 야생 버섯은 절대 먹지 않는 편이 안전해요. 우리나라에서 알려진 버섯 가운데 약 13%가 독버섯이며, 가장 유명한 독버섯으로는 광대버섯이 있어요.

깜부기균이나 녹병균은 사람과 동물의 주요 식량인 식물에 큰 피해를 주고, 항아리곰팡이 같은 균류는 동물에게 질병을 일으켜 죽음에 이르게 해요. 인체 병원성 곰팡이는 사람의 몸속에 들어가 병을 일으키는데, 무좀 같은 질병을 일으키는 피부 사상균과 비듬 같은 피부 질환을 일으키는 말라세지아 등이 있지요.

광대버섯

깜부기균에 감염된 곡식

분해자 역할을 하는 균류

지구에 사는 생물은 결국 모두 죽어요. 그런데 만일 죽은 생물이 썩지 않고 그대로 남아 있다면 지구는 온통 죽은 생물 천지겠지요. 동물의 배설물도 마찬가지예요.

하지만 다행히 균류가 죽은 생물과 동물의 배설물을 썩혀서 필요한 영양분을 얻고, 나머지는 자연으로 돌려보내요. 이를 '분해'라고 하지요. 죽은 생물과 동물의 배설물이 분해되면 식물은 이것을 자라는 데 필요한 영양분으로 사용하고, 동물은 식물을 먹고 자라지요. 죽은 생물이 다른 생물의 먹이를 제공하는 거예요. 이렇게 균류는 죽은 생물을 분해해서 지구에서 생물들이 계속 살아가도록 도와준답니다.

균류와 식물의 차이점과 공통점은?

사람들은 버섯의 갓, 자루, 균사를 식물의 잎, 줄기, 뿌리와 같은 것으로 착각해요. 하지만 균류는 식물이 아니랍니다. 식물은 보통 씨로 번식하고, 뿌리·줄기·잎·꽃 등이 있으며, 햇빛으로 광합성을 해 스스로 영양분을 만들어요. 반면에 균류는 포자로 번식하고, 균사로 이루어져 있으며, 다른 생물에 기생하거나 죽은 생물한테서 영양분을 얻지요.

하지만 균류와 식물은 공통점도 있어요. 둘 다 생물이고, 양분을 흡수하여 자라며, 번식하고, 살아가는 데 물과 공기 등이 필요하지요.

사이좋게 함께 살아요

회의는 무사히 잘 끝났지만, 대장균은 그 이후로 내내 속을 태우고 있었어요. 충치균이 미생물 회의 결과를 인간들에게 잘 전달할지, 충치균의 얘기를 들은 인간들은 어떤 반응을 보일지 걱정되었기 때문이에요.

하지만 얼마 뒤, 대장균은 안도의 한숨을 내쉬었어요. 충치균의 보고에 따르면, 충치균은 인간들에게 눈물까지 흘리며 간절히 하소연했대요. 미생물은 인간의 생활에 이로움도 주고 해로움도 주지만, 지구 생태계를 유지하려면 꼭 필요하니 모든 미생물을 없애겠다는 정책을 없던 일로 하라고 말이에요. 또한 자연에 순응하여 미생물과 한데 어울려 살아가지 않으면 인간들 역시 지구에서 살아가기 힘들 거라고 충고했다나요? 그동안 미생물이 눈에 보이지 않거나 아주 작다고 무시하고 우습게 여기던 인간들은 충치균의 말에 깜짝 놀란 것 같아요. 이게 모두 생각보다 전달자의 역할을 잘 해낸 충치균 덕분이겠지요.

인간들은 비록 충치균을 통해 전해 듣긴 했지만, 미생물이 지구 생태계의 중요한 구성원임을 깨달았어요. 그래서 가장 먼저 미생물에 대한 인간들의 잘못된 생각부터 바꾸었지요. 또한 식물보다 더 많은 산소를 만들고, 더 많은 이산화 탄소를 없애 주며, 지구를 살기 좋게 가꾸는 이 작은 생물들을 눈여겨보기 시작했어요. 그러면서 조금씩 진실을 알게 되었답니다. 지구가 깨끗하게 유지되는 이유는 수많은 미생물이 최선을 다해 오염 물질을 분해하기 때문이라는 것을 말이에요. 더불어 그 결과 지구 생태계가 멈추지 않고 계속 돌아갈 수 있다는 사실도 깨달았지요. 물론 미생물들을 몽땅 없애겠다는 계획은 바로 취소했답니다. 이 소식을 듣고 전 지구의 미생물들도 축제 분위기가 되었지요.

미생물들은 솔직히 말해서 인간들이 이렇게까지 반성하고

미생물의 소중함을 깨달을 거라고 생각하지 못했어요. 미생물들은 이기적이고 무식한 인간들이 충치균의 얘기를 듣고도 여전히 자신들을 없애겠다고 고집을 부릴까 봐 조마조마했답니다.

비록 미생물 특공대 선발 회의가 애초에 원하던 결과를 내지는 못했지만, 미생물에 대한 인간의 잘못된 생각을 확 바꾸고 인간을 변화시킨 것보다 더 큰 수확은 없을 거예요. 어쨌든 이 회의를 통해 미생물들이 내린 최종 결론은 '미생물과 인간은 사이좋게 함께 어울려 살아야 한다'는 거지요.

최고다!
짝짝
만세!
짝짝~
짝짝 짝
예~!
와~

참고문헌

교사용 지도서 《과학 5-1》, 교육부, 2019
김응빈, 《나는 미생물과 산다》, 을유문화사, 2018
정다운, 《나는 곰팡이다》, 너머학교, 2019
칼 짐머, 《바이러스 행성》, 위즈덤하우스, 2013
메릴린 루싱크, 《바이러스》, 더숲, 2019
천종식·한정아, 《미생물은 힘이 세다》, 토토북, 2010
김성화·권수진, 《미래가 온다 바이러스》, 와이즈만 BOOKs, 2020
김성화·권수진, 《꼬물꼬물 세균대왕 미생물이 지구를 지켜요》, 풀빛, 2007
오치 노리코·유재일, 《청소부 곰팡이와 여행하다》, 웅진주니어, 2009
오치 노리코·권오길, 《모든 버섯의 정체를 밝히다》, 웅진주니어, 2008
오카다 하루에·예병일, 《전염병》, 스튜디오다산, 2020

이 책에 쓰인 사진들

28쪽 요구르트 : Wikipedia/Takeaway
45쪽 박테리오파지 : Wikipedia/Graham Beards
56쪽 해캄 : Wikipedia/Wiedehopf20
57쪽 짚신벌레 : Wikipedia/Luis Fernández García, 유글레나 : flickr/Philippe Garcelon
81쪽 푸른곰팡이 : Wikipedia/Dr. Sahay. 블루치즈 : Wikipedia/User:Elya + User:Fotandi. 표고버섯 : Wikipedia/frankenstoen
82쪽 깜부기균에 감염된 곡식 : Wikipedia/Thayne Tuason